Das Finanzhandbuch des Preppers

Ein umfassender Leitfaden zur Sicherung von Vermögens, Bewältigung von Krisen und zum Gedeihen in der Unsicherheit

Scott Grant Bennett

Das Finanzhandbuch des Preppers

Copyright © 2024 von Scott Grant Bennett

Alle Rechte vorbehalten. Kein Teil dieser Veröffentlichung darf ohne die vorherige schriftliche Genehmigung des Herausgebers in irgendeiner Form oder mit irgendwelchen Mitteln, einschließlich Fotokopie, Aufzeichnung oder anderen elektronischen oder mechanischen Methoden, reproduziert, verbreitet oder übertragen werden, außer im Falle kurzer Zitate in kritischen Rezensionen und bestimmten anderen nichtkommerziellen Nutzungen, die durch das Urheberrecht zulässig sind.

Vorwort

In einer Welt, in der finanzielle Stabilität schwieriger denn je zu sein scheint, ist dieses Buch nicht nur ein Leitfaden – es ist eine Lebensader. Wirtschaftsabstürze, Marktvolatilität, Inflation und globale Unsicherheiten sind keine fernen Bedrohungen mehr, sondern Realitäten, die unser tägliches Leben beeinflussen. Wenn Sie dies lesen, haben Sie wahrscheinlich bereits das Gewicht dieser Risiken gespürt, oder vielleicht möchten Sie vermeiden, Opfer des nächsten Finanzabschwungs zu werden. In jedem Fall sind Sie hier richtig.

Stellen Sie sich Folgendes vor: ein plötzlicher wirtschaftlicher Zusammenbruch, eine Hyperinflation, die Ihre Ersparnisse aufzehrt, oder ein unerwarteter Arbeitsplatzverlust, der Ihre finanzielle Zukunft ins Chaos stürzt. Die meisten Menschen sind auf solche Ereignisse nicht vorbereitet. Aber was wäre, wenn Sie es sein könnten? Was wäre, wenn Sie das Wissen und die

Werkzeuge hätten, um in diesen turbulenten Zeiten nicht nur zu überleben, sondern auch erfolgreich zu sein?

Dieses Buch bietet mehr als nur Theorien. Es handelt sich um einen Schritt-für-Schritt-Aktionsplan, der darauf ausgelegt ist, Ihr Vermögen zu schützen und zu vermehren, egal, was die Wirtschaft Ihnen in den Weg stellt. Vom Aufbau eines soliden finanziellen Sicherheitsnetzes bis hin zur Investition in alternative Vermögenswerte wie Gold und Kryptowährungen – jedes Kapitel vermittelt Ihnen die Strategien, die finanziell widerstandsfähige Menschen anwenden. Die Macht, Ihre Zukunft zu sichern, liegt in greifbarer Nähe, und dieses Buch zeigt Ihnen genau, wie Sie sie nutzen können.

Finanzielle Vorbereitung ist nicht nur etwas für Superreiche oder übermäßig Vorsichtige. Es richtet sich an alle, die Wert auf ihren Seelenfrieden, das Wohlergehen ihrer Familie und ihre finanzielle

Unabhängigkeit legen. Ganz gleich, ob Sie ein erfahrener Investor sind oder jemand, der gerade erst anfängt, über seine finanzielle Zukunft nachzudenken, dieses Buch ist darauf zugeschnitten, Sie durch die Komplexität des Aufbaus einer widerstandsfähigen Finanzfestung zu führen.

Wenn Sie sich jemals gefragt haben, wie Sie mit finanzieller Unsicherheit umgehen können, oder sicherstellen möchten, dass Sie und Ihre Lieben vor wirtschaftlichen Turbulenzen geschützt sind, ist dieses Buch Ihre Antwort. Die Frage ist nicht mehr „ob" Sie sich vorbereiten sollten, sondern „wie schnell" können Sie beginnen?

Hier beginnt die Reise zur finanziellen Sicherheit. Warten Sie nicht, bis es zu spät ist.

Blättern Sie um. Dein zukünftiges Ich wird es dir danken.

Das Finanzhandbuch des Preppers

Inhaltsverzeichnis

Vorwort..2
Inhaltsverzeichnis...5
Einführung...1
Kapitel 1..9
Der Boom und der Aufschwung des Wirtschaftszyklus..9
    Einführung in Wirtschaftskreisläufe................9
    Die Phasen des Wirtschaftszyklus.................10
        Erweiterung..10
        Gipfel..11
        Kontraktion (Rezession)............................11
        Trog..12
    Anzeichen eines wirtschaftlichen Abschwungs erkennen..12
    Proaktive Maßnahmen zum Schutz Ihres Vermögens...14
Kapitel 2..17
Inflation, Marktvolatilität und Arbeitslosigkeit. 17
    Inflation und ihre langfristigen Auswirkungen. 17
    Bewältigung der Marktvolatilität......................20
    Vorbereitung auf die Arbeitslosigkeit.............23
Kapitel 3..27
Finanzielle Sicherheitsnetze..........................27
    Aufbau eines soliden Notfallfonds..................28
    Die Rolle der Versicherung............................30
        Krankenversicherung................................30
        Hausbesitzerversicherung........................31
        Lebensversicherung..................................32

Autoversicherung.. 32
Berufsunfähigkeitsversicherung................ 33
Regenschirmversicherung......................... 34
Intelligente Budgetierung................................. 34
Integrieren Sie finanzielle Sicherheitsnetze in Ihre langfristige Strategie................................ 37

Kapitel 4.. 41

Edelmetalle und Sachwerte................................ 41

Der strategische Wert von Edelmetallen......... 41

Gold..42

Silber.. 43

Platin und Palladium................................. 43

Erwerb und Lagerung von Edelmetallen......... 44

Physisches Eigentum................................44

Papier- und digitale Investitionen............. 45

Diversifizierung innerhalb der Edelmetalle 46

In Sachwerte investieren: Immobilien und darüber hinaus... 47

Immobilien als Absicherung gegen Inflation.. 47

Andere materielle Vermögenswerte außer Immobilien... 50

Integrieren Sie Edelmetalle und Sachwerte in Ihren Finanzplan... 52

Kapitel 5.. 55

Aktien, Anleihen und festverzinsliche Anlagen... 55

Aktien verstehen... 55

Arten von Aktien..56

Diversifizierung bei Aktienanlagen........... 59

Anleihen.. 59

Arten von Anleihen.. 60
Anleiheratings und Kreditrisiko..................... 61
Die Rolle von Anleihen in einem diversifizierten Portfolio............................... 62
Festverzinsliche Anlagen................................ 63
Einlagenzertifikate (CDs)......................... 63
Renten.. 64
Vorzugsaktien... 65
Leiterstrategien.. 65
Der Einfluss der Zinssätze............................ 66
Integrieren Sie Aktien, Anleihen und festverzinsliche Anlagen in Ihren Finanzplan..67
Vermögensaufteilung................................ 67
Diversifizierung über Anlageklassen hinweg. 68
Integration von Inflationsschutz................ 68
Investieren während des wirtschaftlichen Abschwungs.. 69

Kapitel 6.. 71
Offshore-Konten und internationale Strategien... 71

Offshore-Konten verstehen...................... 71
Vorteile des Offshore-Bankings................ 72
Die richtige Gerichtsbarkeit wählen.......... 74
Eröffnung und Verwaltung eines Offshore-Kontos..................................... 76
Globale Vermögensdiversifizierung............... 77
Geografische Diversifizierung.................. 78
Diversifizierung der Anlageklassen........... 79
Währungsdiversifikation........................... 80
Ethische und rechtliche Überlegungen........... 81

Kapitel 7 87
Sparsamkeit und intelligente Ausgaben 87
Die Philosophie der Genügsamkeit 88
Praktische Tipps für ein gutes Leben mit weniger Geld 89
Finanzielle Verschwendung erkennen 91
Intelligente Ausgabegewohnheiten übernehmen 92
Aufbau finanzieller Widerstandsfähigkeit durch Sparsamkeit 94

Kapitel 8 97
Schuldenmanagement und Finanzdisziplin 97
Den Einfluss von Schulden auf die finanzielle Sicherheit verstehen 98
Strategien zur effizienten Schuldentilgung 99
Vermeidung hochverzinslicher Schuldenfallen 101
Finanzdisziplin kultivieren 103
Aufbau einer schuldenfreien Zukunft 106

Kapitel 9 111
Sichern Sie Ihren Ruhestand 111
Die Bedeutung einer frühzeitigen und konsequenten Ruhestandsplanung 111
Altersvorsorgekonten, die wirtschaftlichen Herausforderungen standhalten 113
401(k)-Pläne 114
Individuelle Rentenkonten (IRAs) 114
Roth-Konvertierungen 115
Pensionspläne 115
Renten 116
Diversifizierung der Altersvorsorge für

langfristige Stabilität..................................... 116
   Aktien und Anleihen............................. 117
   Immobilie... 117
   Edelmetalle und Rohstoffe..................... 118
   Alternative Investitionen........................ 119
   Internationale Diversifizierung............... 119
   Schutz der Altersvorsorge vor Wirtschaftsabschwüngen........................ 120
   Planung der Gesundheitskosten im Ruhestand.. 122

Kapitel 10.. 125
Nachlassplanung und Nachlassaufbau.......... 125
   Die Grundlagen der Nachlassplanung.......... 125
      Testamente..126
      Vertrauen..126
      Vollmacht...127
      Gesundheitsrichtlinien......................128
   Minimierung der Erbschaftssteuern............. 129
   Vermögen über Generationen hinweg bewahren.. 131
   Integrieren Sie Philanthropie in Ihren Nachlassplan..133
   Überprüfung und Aktualisierung Ihres Nachlassplans..135

Kapitel 11.. 137
Marktabstürze und Wirtschaftsabschwünge..137
   Marktabstürze und Wirtschaftsabschwünge verstehen... 138
      Vorbereitung auf Marktcrashs................ 139
      Reaktion auf einen Marktcrash.............. 141
      Wiederaufbau nach einem Abschwung...143

Aus vergangenen Krisen lernen....................146
    Die Weltwirtschaftskrise......................... 146
    Die Finanzkrise 2008............................. 147
    Covid-19 Pandemie................................147

Kapitel 12..149
Hyperinflation und wirtschaftlicher
Zusammenbruch... 149
    Hyperinflation und wirtschaftlichen
    Zusammenbruch verstehen......................... 150
        Vorbereitung auf die Hyperinflation......... 152
        Einen wirtschaftlichen Zusammenbruch
        überleben... 154
        Wiederaufbau nach einem wirtschaftlichen
        Zusammenbruch..................................... 156

Abschluss...159
    Zusammenfassung der wichtigsten Punkte.. 159
    Engagement für den Prozess...................... 160
    Letzte Gedanken..161

Das Finanzhandbuch des Preppers

Einführung

In einer Welt zunehmender Unsicherheit ist die Finanzstabilität nicht mehr gewährleistet. Jeden Tag hören wir von steigender Inflation, Volatilität an den Aktienmärkten, wirtschaftlichen Abschwüngen und plötzlichen Arbeitsplatzverlusten. Für viele sind dies beunruhigende Realitäten, die Wohlstand und Sicherheit über Nacht untergraben können. Aber das muss nicht so sein. Es gibt einen Weg, den Sie beschreiten können, um Ihre finanzielle Zukunft nicht nur zu schützen, sondern sie auch zu stärken, ganz gleich, welche Herausforderungen auf Sie zukommen.

Dieses Buch ist als Ihr umfassender Leitfaden konzipiert, um ein Finanz-Prepper zu werden – jemand, der nicht nur bereit ist, das Finanzchaos zu überleben, sondern auch bereit ist, darin erfolgreich zu sein. Auf den folgenden Seiten finden Sie eine Blaupause für alle, die ihr Vermögen schützen, Risiken minimieren und in einer unvorhersehbaren

Wirtschaftslandschaft kluge Entscheidungen treffen möchten. Jeder Abschnitt ist sorgfältig ausgearbeitet, um Sie durch den Prozess der finanziellen Vorbereitung zu führen und ein breites Spektrum an Themen abzudecken, die alle zu einer belastbaren Finanzstrategie beitragen.

Im ersten Teil befassen wir uns mit dem Verständnis und der Minderung finanzieller Risiken. Die Wirtschaft bewegt sich in Zyklen, schwankt von Booms zu Abschwüngen, und es ist wichtig, die Anzeichen zu erkennen, bevor ein Abschwung eintritt. Wir untersuchen, wie die Inflation die Kaufkraft untergraben kann und wie sich Arbeitslosigkeit auf Ihre persönlichen Finanzen auswirken kann. Noch wichtiger ist, dass Sie erfahren, wie Sie sich frühzeitig auf diese Risiken vorbereiten können, indem Sie Sicherheitsnetze wie Notfallfonds und Versicherungen aufbauen und ein intelligentes, anpassungsfähiges Budget erstellen, das auch in schwierigen Zeiten standhält.

Das Finanzhandbuch des Preppers

Im zweiten Teil verlagert sich der Fokus auf Diversifizierung und Investitionsschutz. Diversifikation wird oft als Eckpfeiler eines jeden soliden Finanzplans gepriesen, und hier erfahren Sie, warum. Sie erfahren, wie Sie sinnvoll in Edelmetalle wie Gold und Silber investieren, wie Immobilien als finanzieller Schutzschild dienen können und wie Sie Ihr Vermögen auf Aktien, Anleihen und sogar Kryptowährungen verteilen. Wir besprechen auch alternative Währungen und die potenzielle Rolle von Offshore-Konten, um sicherzustellen, dass Ihr Vermögen geschützt ist und auch in volatilen Märkten wachsen kann.

Der dritte Teil bringt einen persönlicheren, alltäglicheren Fokus: Unter Ihren Verhältnissen leben und Schulden verwalten. In der heutigen konsumorientierten Welt ist Sparsamkeit eine unterschätzte Fähigkeit. Indem Sie jedoch weniger ausgeben und mehr sparen, sind Sie nicht nur auf finanzielle Notfälle vorbereitet, sondern schaffen auch Spielraum für Investitionen in die Zukunft. In diesem Teil wird auch betont, wie wichtig es ist, die Schulden zu kontrollieren – indem man umsetzbare Strategien für die Rückzahlung hochverzinslicher Kredite bereitstellt und finanzielle Fallstricke vermeidet, die Ihre Ressourcen dann belasten können, wenn Sie sie am meisten brauchen.

Mit Blick auf die Zukunft befasst sich der vierte Teil mit dem Thema der langfristigen Finanzplanung. Während sich ein Großteil des Buches auf die Vorbereitung auf das Unmittelbare und Unerwartete konzentriert, stellt dieser Teil sicher, dass Sie auch eine sichere finanzielle Zukunft aufbauen. Wir behandeln Themen wie Altersvorsorgeplanung – um sicherzustellen, dass Ihre Altersvorsorgekonten auch bei wirtschaftlichen Turbulenzen widerstandsfähig sind – und Nachlassplanung, damit Ihr hart verdientes Vermögen sicher an zukünftige Generationen weitergegeben wird. Es geht nicht nur darum, die Gegenwart zu überleben – es geht darum, auch in der Zukunft erfolgreich zu sein.

Das Finanzhandbuch des Preppers

Im fünften Teil schließlich stellen wir uns den Worst-Case-Szenarien direkt: Finanzkrisen. Während niemand gerne an Marktcrashs, Hyperinflation oder wirtschaftliche Zusammenbrüche denkt, können diese Realitäten ohne Vorwarnung eintreten. In diesem Abschnitt erhalten Sie die Werkzeuge und Strategien, um effektiv zu reagieren. Sie erfahren, wie Sie Ihre Kaufkraft während einer Hyperinflation schützen, wie Sie nach einem Marktcrash wieder aufbauen und wie Sie einen wirtschaftlichen Zusammenbruch mit Zuversicht und Widerstandskraft meistern.

Die Reise, die Sie jetzt antreten, ist eine Reise der finanziellen Transformation. Jedes Kapitel dieses Leitfadens stellt einen Schritt hin zu größerer finanzieller Sicherheit dar und befähigt Sie, mit dem Unerwarteten gelassen und vorausschauend umzugehen. Wenn Sie diese Seiten durchblättern, werden Sie mehr als nur Wissen erlangen – Sie werden eine Geisteshaltung der Bereitschaft entwickeln, die es Ihnen ermöglicht, finanzielle Stürme nicht nur zu überstehen, sondern auch darin erfolgreich zu sein.

Am Ende dieses Buches werden Sie nicht nur mit Finanzstrategien ausgestattet sein, sondern auf alles vorbereitet sein.

Das Finanzhandbuch des Preppers

TEIL 1: FINANZRISIKEN VERSTEHEN UND MINIMIEREN.

Das Finanzhandbuch des Preppers

Kapitel 1

Der Boom und der Aufschwung des Wirtschaftszyklus

Einführung in Wirtschaftskreisläufe

Konjunkturzyklen, die durch Perioden der Expansion und Kontraktion gekennzeichnet sind, sind der Herzschlag jeder Volkswirtschaft. Das Verständnis dieser Zyklen ist für die finanzielle Vorbereitung von entscheidender Bedeutung, da sie alles von der Arbeitsplatzsicherheit bis zur Investitionsrendite beeinflussen. In diesem Kapitel untersuchen wir die Phasen des Wirtschaftszyklus, wie sie sich auf Ihre finanzielle Stabilität auswirken und was Sie in jeder Phase tun können, um Ihr Vermögen zu schützen.

Die Phasen des Wirtschaftszyklus

Der Konjunkturzyklus ist typischerweise in vier Schlüsselphasen unterteilt: Expansion, Höhepunkt, Kontraktion und Tiefpunkt. Jede Phase bietet einzigartige Herausforderungen und Chancen für Einzelpersonen, die ihre Finanzen schützen möchten.

Erweiterung

Während der Expansion wächst die Wirtschaft, die Arbeitslosigkeit sinkt und das Verbrauchervertrauen ist hoch. Normalerweise steigen die Löhne und die Unternehmen florieren. Dies ist oft der beste Zeitpunkt zum Investieren, da die Märkte im Allgemeinen steigen. Es ist auch ein guter Zeitpunkt, um Ersparnisse aufzubauen und Schulden abzubezahlen. Allerdings muss man mit übermäßigem Selbstvertrauen vorsichtig sein, da es zu einer übermäßigen Verschuldung führen kann, bei der man in der Annahme, dass das Wachstum auf unbestimmte Zeit anhalten wird, zu viele Schulden aufnimmt.

Gipfel

Der Höhepunkt ist der Punkt, an dem die Wirtschaft am stärksten ist, sich das Wachstum jedoch zu verlangsamen beginnt. Die Inflation könnte zu steigen beginnen und der Markt könnte überbewertet werden. Jetzt ist es an der Zeit, Ihr Anlageportfolio neu zu bewerten, Gewinne zu sichern und auf defensivere Anlagen umzusteigen. Der Höhepunkt lässt sich oft nur schwer in Echtzeit erkennen, was dazu führt, dass Gelegenheiten zum Verkauf überbewerteter Vermögenswerte verpasst werden.

Kontraktion (Rezession)

Während einer Konjunkturabschwächung verlangsamt sich die Wirtschaft, die Arbeitslosigkeit steigt und das

Verbrauchervertrauen sinkt. Die Aktienmärkte sind oft rückläufig, und Unternehmen können Schwierigkeiten haben. Obwohl dies eine herausfordernde Zeit ist, kann sie auch eine Gelegenheit sein, unterbewertete Vermögenswerte mit einem Abschlag zu kaufen. Der Verlust von Arbeitsplätzen und ein geringeres Einkommen stellen in dieser Zeit erhebliche Risiken dar, weshalb ein starkes finanzielles Sicherheitsnetz unerlässlich ist.

Trog

Der Tiefpunkt ist der Tiefpunkt des Konjunkturzyklus, an dem die Wirtschaft aufhört zu schrumpfen und sich zu erholen beginnt. Das Verbrauchervertrauen ist gering, aber es zeichnen sich allmählich Wachstumschancen ab. Dies ist der ideale Zeitpunkt, um im Vorfeld der nächsten Expansionsphase zu investieren. Es ist auch eine Zeit, Ihre finanzielle Situation neu zu bewerten und sich auf zukünftiges Wachstum vorzubereiten. Es ist schwierig, den Tiefpunkt des Marktes zu erkennen, und eine zu frühe oder zu späte Investition kann zu Verlusten führen.

Anzeichen eines wirtschaftlichen Abschwungs erkennen

Einer der wichtigsten Aspekte der finanziellen Vorbereitung ist das Erkennen der Anzeichen eines bevorstehenden wirtschaftlichen Abschwungs. Während es schwierig ist, den genauen Zeitpunkt einer Rezession vorherzusagen, können mehrere Indikatoren auf bevorstehende Schwierigkeiten hinweisen.

1. Führende Wirtschaftsindikatoren

Ein anhaltender Rückgang des Aktienmarktes kann eine Frühwarnung für eine umfassendere Konjunkturabschwächung sein. Wenn die kurzfristigen Zinssätze höher sind als die langfristigen Zinssätze, deutet dies häufig darauf hin, dass eine Rezession bevorsteht. Ein Anstieg der Arbeitslosenansprüche kann darauf hindeuten, dass Unternehmen Probleme haben und die Zahl der Entlassungen zunehmen könnte.

2. Verbrauchervertrauen und Ausgaben

Wenn Verbraucher hinsichtlich der Wirtschaft weniger optimistisch sind, neigen sie dazu, weniger auszugeben, was das Wirtschaftswachstum verlangsamen kann. Ein Rückgang der Einzelhandelsumsätze kann auch ein Zeichen dafür sein, dass die Verbraucher in Erwartung schwierigerer Zeiten den Gürtel enger schnallen.

3. Unternehmensgewinne und Unternehmensinvestitionen

Wenn Unternehmen sinkende Gewinne melden, kann das ein Hinweis darauf sein, dass sich die Wirtschaft verlangsamt. Darüber hinaus kann ein Rückgang der Unternehmensausgaben für Investitionsgüter ein Signal dafür sein, dass sich Unternehmen auf einen Abschwung vorbereiten.

Proaktive Maßnahmen zum Schutz Ihres Vermögens

Sobald Sie die Anzeichen eines bevorstehenden Wirtschaftsabschwungs erkannt haben, besteht der nächste Schritt darin, proaktive Maßnahmen zum Schutz Ihres Vermögens zu ergreifen. Dies erfordert eine Kombination aus der Anpassung Ihrer Anlagestrategie, dem Aufbau eines finanziellen Sicherheitsnetzes und der Übernahme einer defensiven finanziellen Denkweise.

1. Anpassen Ihres Anlageportfolios

Wenn sich die Wirtschaft ihrem Höhepunkt nähert oder zu schrumpfen beginnt, sollten Sie erwägen, Ihre Investitionen in defensivere Vermögenswerte wie Anleihen, Dividendenaktien und Edelmetalle zu verlagern. Wenn Sie während eines Abschwungs über Bargeld verfügen, haben Sie auch die Flexibilität, Gelegenheiten zu nutzen, beispielsweise den Kauf unterbewerteter Vermögenswerte. Es ist auch wichtig, über eine

Diversifizierung Ihrer Anlagen über verschiedene Regionen und Anlageklassen nachzudenken, um das Risiko zu reduzieren.

2. Aufbau eines finanziellen Sicherheitsnetzes

In Erwartung möglicher Einkommensverluste können Sie Ihre Notfallersparnisse erhöhen, um die Ausgaben für mindestens sechs bis zwölf Monate zu decken. Stellen Sie außerdem sicher, dass Ihr Versicherungsschutz, einschließlich Kranken-, Berufsunfähigkeits- und Lebensversicherung, ausreichend ist, um Sie vor unerwarteten Ereignissen zu schützen. Darüber hinaus reduziert die Tilgung hochverzinslicher Schulden Ihre finanziellen Verpflichtungen und erleichtert so die Bewältigung eines Abschwungs.

3. Eine defensive finanzielle Denkweise annehmen

Angesichts der wirtschaftlichen Unsicherheit ist es ratsam, große Anschaffungen wie ein neues Haus oder ein Auto aufzuschieben, bis sich die Wirtschaft stabilisiert. Priorisieren Sie Ausgaben für das Wesentliche und vermeiden Sie unnötige Ausgaben, um den Cashflow zu erhalten. Auch die Diversifizierung Ihrer Einkommensquellen, sei es durch Nebenjobs, freiberufliche Tätigkeit oder passives Einkommen, kann in wirtschaftlichen Abschwüngen zusätzliche Sicherheit bieten.

Der Konjunkturzyklus ist unvermeidlich, aber die Auswirkungen, die er auf Ihr finanzielles Wohlergehen hat, hängen davon ab, wie gut Sie vorbereitet sind. Indem Sie die Phasen des Zyklus verstehen, Frühwarnzeichen erkennen und proaktive Maßnahmen zum Schutz Ihres Vermögens ergreifen, können Sie wirtschaftliche Abschwünge mit Zuversicht meistern.

Kapitel 2

Inflation, Marktvolatilität und Arbeitslosigkeit

In einer Welt, in der die Finanzstabilität leicht durch verschiedene wirtschaftliche Faktoren gestört werden kann, ist das Verständnis der Kernbedrohungen für Ihre finanzielle Sicherheit – wie Inflation, Marktvolatilität und Arbeitslosigkeit – nicht nur eine Strategie, sondern eine Notwendigkeit. Jedes dieser Elemente kann das Vermögen untergraben und den Wert Ihres Vermögens mindern. Daher ist es von entscheidender Bedeutung, diese Herausforderungen mit Präzision und Weitsicht zu meistern.

Inflation und ihre langfristigen Auswirkungen

Unter Inflation versteht man einen anhaltenden Anstieg des allgemeinen Preisniveaus von Waren und Dienstleistungen im Laufe der Zeit, der die Kaufkraft des Geldes direkt verringert. Wenn die Preise steigen, werden mit jeder Währungseinheit weniger Waren und Dienstleistungen gekauft, was den Wert von Einkommen und Ersparnissen effektiv verringert. Das Verständnis der Inflation ist für die finanzielle Vorbereitung von entscheidender Bedeutung, da ihre Auswirkungen weitreichend sind und sich auf alles auswirken, von den täglichen Ausgaben bis hin zu langfristigen Investitionen.

Die Inflation hat verschiedene Ursachen – sei es eine Nachfrageinflation, bei der die Nachfrage nach Waren und Dienstleistungen das Angebot übersteigt, oder eine Kostendruckinflation, die durch steigende Produktionskosten verursacht wird, die an die Verbraucher weitergegeben werden.

Zentralbanken versuchen oft, die Inflation durch Geldpolitik zu kontrollieren, indem sie die Zinssätze anpassen, um die Wirtschaftstätigkeit zu beeinflussen. Diese Maßnahmen sind jedoch nicht narrensicher, und die Inflation kann immer noch anhalten und im Laufe der Zeit den Wohlstand auf subtile Weise untergraben.

Eine der größten Herausforderungen, die die Inflation mit sich bringt, ist der Kaufkraftverlust. Mit der Zeit sinkt der reale Wert des Geldes, was bedeutet, dass das, was man heute mit einem bestimmten Geldbetrag kaufen kann, in Zukunft deutlich mehr kosten wird. Dies ist insbesondere für Personen mit festem Einkommen oder langfristigen Ersparnissen besorgniserregend, da der Wert dieser Vermögenswerte real abnimmt. Beispielsweise kann ein Rentenfonds, der nicht an die Inflation angepasst ist, nicht in der Lage sein, künftige Bedürfnisse zu decken, wodurch Einzelpersonen anfällig für finanzielle Engpässe werden.

Um die Auswirkungen der Inflation zu bekämpfen, ist es wichtig, inflationsresistente Vermögenswerte in Ihr Portfolio aufzunehmen. Beispielsweise tendieren Immobilien dazu, im Laufe der Zeit an Wert zu gewinnen, wobei die Inflation oft schneller ausfällt und eine Absicherung gegen den Wertverlust einer Währung bietet. Auch Edelmetalle wie Gold und Silber bieten Schutz, da ihr Wert in Zeiten hoher Inflation typischerweise steigt. Darüber hinaus handelt es sich bei Treasury Inflation-Protected Securities (TIPS) um Staatsanleihen, die Anleger vor Inflation schützen sollen. Der Kapitalwert von TIPS steigt mit der Inflation und stellt so sicher, dass der tatsächliche Wert Ihrer Investition erhalten bleibt.

Die Einbeziehung dieser Strategien in Ihre Finanzplanung kann dazu beitragen, den tatsächlichen Wert Ihres Vermögens zu bewahren. Darüber hinaus ist die Anpassung Ihrer Anlagerenditen an die Inflation – allgemein als Realrendite bezeichnet – von entscheidender

Bedeutung für die langfristige Aufrechterhaltung der Kaufkraft. Indem Sie sich auf Investitionen konzentrieren, die nicht nur nominal wachsen, sondern auch mit der Inflation Schritt halten oder diese übertreffen, können Sie Ihre finanzielle Zukunft vor der stillen Gefahr steigender Preise schützen.

Bewältigung der Marktvolatilität

Die Marktvolatilität stellt den Grad der Schwankung des Preises eines Finanzinstruments im Laufe der Zeit dar. Es ist ein inhärentes Merkmal der Finanzmärkte und spiegelt die mit Investitionen verbundenen Unsicherheiten und Risiken wider. Während Volatilität Gewinnchancen bieten kann, birgt sie auch erhebliche Risiken, insbesondere für unvorbereitete Anleger.

Die Marktvolatilität wird durch eine Vielzahl von Faktoren beeinflusst, darunter

Wirtschaftsindikatoren, geopolitische Ereignisse und die Anlegerstimmung. Änderungen der Zinssätze, Inflationsdaten und Beschäftigungszahlen können Schwankungen der Marktpreise auslösen, da Anleger auf neue Informationen reagieren und ihre Portfolios entsprechend anpassen. Auch geopolitische Ereignisse wie Wahlen, Konflikte oder Naturkatastrophen können für Unsicherheit sorgen und zu erhöhter Marktvolatilität führen.

In Zeiten hoher Volatilität können die Vermögenspreise dramatisch schwanken, was in kurzer Zeit zu erheblichen Gewinnen oder Verlusten führen kann. Für Unvorbereitete können diese Schwankungen beunruhigend sein und zu Panikverkäufen oder irrationalen Anlageentscheidungen führen. Wenn Sie jedoch die Natur der Volatilität verstehen und Strategien zu deren Bewältigung umsetzen, können Sie ihre Auswirkungen auf Ihr Portfolio abmildern.

Eine der wirksamsten Strategien zur Bewältigung der Marktvolatilität ist die Diversifizierung. Indem Sie Ihre Investitionen auf verschiedene Anlageklassen, Sektoren und geografische Regionen verteilen, verringern Sie das Risiko, dass ein Abschwung in einem bestimmten Bereich erhebliche Auswirkungen auf Ihr Gesamtportfolio hat. Während beispielsweise Aktien volatil sein können, sorgen Anleihen und andere festverzinsliche Anlagen in der Regel für Stabilität und gleichen das Risiko aus.

Auch defensive Anlagen wie Dividendenaktien, Anleihen und Zahlungsmitteläquivalente spielen in einem volatilen Markt eine entscheidende Rolle. Diese Vermögenswerte sind tendenziell weniger von Marktschwankungen betroffen und können in turbulenten Zeiten einen stetigen Einkommensstrom bieten. Die Einbeziehung dieser Anlagen in Ihr Portfolio kann dazu beitragen, die Auswirkungen der Volatilität abzufedern und Kapital zu erhalten.

Absicherungsstrategien wie der Einsatz von Optionen und Futures können Ihr Portfolio zusätzlich vor erheblichen Verlusten schützen. Mit diesen Finanzinstrumenten können Sie potenzielle Verluste in einem Bereich Ihres Portfolios ausgleichen, indem Sie eine Position in einem anderen Bereich eingehen und so Ihr Gesamtrisiko effektiv reduzieren. Allerdings erfordern diese Strategien ein tiefes Verständnis der Finanzmärkte und sollten mit Vorsicht angegangen werden.

Auch wenn Marktvolatilität unvermeidbar ist, ist es für den finanziellen Erfolg von entscheidender Bedeutung, eine langfristige Perspektive beizubehalten und emotionale Reaktionen auf kurzfristige Schwankungen zu vermeiden. Indem Sie sich auf Ihre langfristigen Ziele konzentrieren und Strategien zum Risikomanagement umsetzen, können Sie die Marktvolatilität souverän meistern und Ihr Vermögen vor unnötigen Verlusten schützen.

Vorbereitung auf die Arbeitslosigkeit

Arbeitslosigkeit stellt eine der unmittelbarsten und schwerwiegendsten Bedrohungen für die finanzielle Sicherheit dar. Der Verlust eines festen Einkommens kann schnell zu finanzieller Instabilität führen, insbesondere wenn Sie unvorbereitet sind. Im heutigen dynamischen wirtschaftlichen Umfeld ist die Arbeitsplatzsicherheit nicht mehr gewährleistet, sodass es unerlässlich ist, sich auf die Möglichkeit der Arbeitslosigkeit vorzubereiten.

Das Risiko der Arbeitslosigkeit ist eng mit den Konjunkturzyklen verknüpft. In Zeiten des wirtschaftlichen Aufschwungs gibt es in der Regel zahlreiche Beschäftigungsmöglichkeiten und die Arbeitslosenquote ist niedrig. Allerdings können Unternehmen in Zeiten des wirtschaftlichen Abschwungs Kosten senken, indem sie ihre

Belegschaft abbauen, was zu höheren Arbeitslosenquoten führt. Bestimmte Branchen wie das verarbeitende Gewerbe und der Einzelhandel sind besonders anfällig für Konjunkturschwankungen, wodurch die Arbeitsplatzsicherheit in diesen Sektoren prekärer wird.

Um die Auswirkungen der Arbeitslosigkeit abzumildern, ist es von entscheidender Bedeutung, alternative Einkommensquellen zu schaffen. Die Diversifizierung Ihrer Einkommensquellen kann einen finanziellen Puffer für den Fall eines Arbeitsplatzverlusts darstellen und sicherstellen, dass Sie Ihren finanziellen Verpflichtungen auch dann weiterhin nachkommen können, wenn kein Primäreinkommen vorhanden ist. Nebenjobs, freiberufliche Tätigkeiten und passive Einkommensquellen wie Mietobjekte oder Investitionen können alle zur finanziellen Widerstandsfähigkeit beitragen.

Das Finanzhandbuch des Preppers

Neben der Schaffung alternativer Einkommensquellen ist der Aufbau eines robusten Finanzpolsters von entscheidender Bedeutung. Ein Notfallfonds, der in der Regel den Lebenshaltungskosten von drei bis sechs Monaten entspricht, kann die nötige finanzielle Unterstützung bieten, um die wesentlichen Kosten zu decken, während Sie nach einer neuen Beschäftigung suchen. Dieser Fonds sollte auf einem hochliquiden, leicht zugänglichen Konto gehalten werden, um sicherzustellen, dass bei Bedarf darauf zurückgegriffen werden kann.

Auch in Zeiten der Arbeitslosigkeit ist ein effektives Schuldenmanagement von entscheidender Bedeutung. Hochverzinsliche Schulden, wie zum Beispiel Kreditkartenschulden, können schnell außer Kontrolle geraten, wenn kein stabiles Einkommen für die Zahlungen vorhanden ist. Die Priorisierung der Schuldenrückzahlung während der Beschäftigungszeiten und die Vermeidung neuer Schulden können dazu beitragen, den finanziellen Stress während der Arbeitslosigkeit zu verringern. Darüber hinaus kann die Prüfung von Zahlungsaufschüben oder Verhandlungen mit Gläubigern vorübergehende Erleichterung bringen, während Sie Ihre finanzielle Stabilität wiedererlangen.

Zur Vorbereitung auf die Arbeitslosigkeit gehört auch der Erhalt und Ausbau Ihrer Kompetenzen. In einem sich schnell verändernden Arbeitsmarkt können vielfältige Fähigkeiten Ihre Beschäftigungsfähigkeit verbessern und neue Möglichkeiten in verschiedenen Sektoren eröffnen. Kontinuierliches Lernen und berufliche Weiterentwicklung sind der Schlüssel, um wettbewerbsfähig zu bleiben und im Falle eines Arbeitsplatzverlusts eine neue Beschäftigung zu sichern.

Indem Sie sich proaktiv auf die Arbeitslosigkeit vorbereiten, können Sie Ihr finanzielles

Wohlergehen schützen und sicherstellen, dass Sie nicht von plötzlichen Veränderungen auf dem Arbeitsmarkt überrascht werden. Diese Strategien bilden in Kombination mit einem umfassenden Verständnis von Inflation und Marktvolatilität die Grundlage für einen widerstandsfähigen Finanzplan, der den Herausforderungen eines unsicheren wirtschaftlichen Umfelds standhalten kann.

Kapitel 3

Finanzielle Sicherheitsnetze

In einer unvorhersehbaren Wirtschaftslandschaft dienen finanzielle Sicherheitsnetze als Eckpfeiler der persönlichen Sicherheit und bieten die nötige Widerstandsfähigkeit, um finanzielle Stürme zu überstehen. Diese Sicherheitsnetze sind kein bloßer Luxus, sondern wesentliche Bestandteile eines soliden Finanzplans. Sie stellen sicher, dass Sie im Falle eines unerwarteten Ereignisses – sei es ein Arbeitsplatzverlust, eine Gesundheitskrise oder ein Marktabschwung – über die Ressourcen und Strategien verfügen, um die Stabilität aufrechtzuerhalten und Ihr finanzielles Wohlergehen zu schützen. Dieses Kapitel befasst sich umfassend mit den Schlüsselelementen finanzieller Sicherheitsnetze und zeigt Ihnen, wie Sie diese für maximalen Schutz einrichten und optimieren können.

Aufbau eines soliden Notfallfonds

Ein Notfallfonds ist das grundlegendste finanzielle Sicherheitsnetz, das darauf ausgelegt ist, unerwartete Ausgaben abzudecken, ohne Ihre langfristigen finanziellen Ziele zu gefährden. Die Bedeutung eines Notfallfonds kann nicht genug betont werden; Es fungiert als Puffer gegen die Unsicherheiten des Lebens, wie zum Beispiel einen plötzlichen Verlust des Arbeitsplatzes, medizinische Notfälle oder dringende Reparaturen am Haus.

Die Größe Ihres Notfallfonds hängt von mehreren Faktoren ab, darunter Ihren monatlichen Ausgaben, der Stabilität Ihres Arbeitsplatzes und der Anzahl Ihrer Angehörigen. Finanzexperten empfehlen im Allgemeinen, die Lebenshaltungskosten für drei bis sechs Monate auf einem leicht zugänglichen Konto anzulegen. In Zeiten wirtschaftlicher Unsicherheit oder wenn Sie in einer Branche arbeiten, die zu Volatilität neigt, kann es jedoch sinnvoll sein, die

Ausgaben auf neun oder sogar zwölf Monate auszudehnen.

Der Ort, an dem Sie Ihren Notfallfonds aufbewahren, ist ebenso wichtig wie der Betrag, den Sie sparen. Der Fonds sollte auf einem liquiden, risikoarmen Konto gehalten werden, das einen sofortigen Zugriff ermöglicht. Hochverzinsliche Sparkonten, Geldmarktkonten und kurzfristige Einlagenzertifikate (CDs) sind beliebte Optionen und bieten ein ausgewogenes Verhältnis von Liquidität und bescheidenen Zinsen. Es ist wichtig, der Versuchung zu widerstehen, Ihren Notfallfonds an der Börse oder in andere volatile Vermögenswerte zu investieren, da der Hauptzweck dieses Fonds Stabilität und nicht Wachstum ist.

Um die Langlebigkeit und Wirksamkeit Ihres Notfallfonds sicherzustellen, sollten Sie über die Automatisierung Ihrer Ersparnisse nachdenken. Das Einrichten automatischer Überweisungen von Ihrem Girokonto auf Ihren Notfallfonds kann Ihnen dabei helfen, den Fonds kontinuierlich aufzubauen und zu verwalten, ohne sich allein auf Ihre Willenskraft zu verlassen. Darüber hinaus kann eine regelmäßige Überprüfung Ihrer finanziellen Situation – beispielsweise nach einer Gehaltserhöhung, einem Jobwechsel oder einem wichtigen Lebensereignis – dabei helfen, die Größe Ihres Fonds nach Bedarf anzupassen.

Die Rolle der Versicherung

Während ein Notfallfonds kurzfristige finanzielle Störungen abdeckt, bietet eine Versicherung einen entscheidenden Schutz vor katastrophalen Verlusten, die andernfalls Ihre finanzielle Lage ruinieren könnten. Die Versicherung überträgt das finanzielle Risiko bedeutender Ereignisse – wie Gesundheitsprobleme, Sachschäden oder rechtliche Haftung – auf einen Versicherer und stellt so sicher, dass Sie nicht allein für die Kosten verantwortlich sind.

Krankenversicherung

Die Krankenversicherung ist wohl die wichtigste Form der Absicherung, insbesondere in Ländern, in denen die Gesundheitskosten unerschwinglich hoch sein können. Ohne eine ausreichende Krankenversicherung kann eine schwere Krankheit oder ein Unfall Ihre Ersparnisse aufzehren und Sie in die Schuldenfalle stürzen. Bei der Auswahl der richtigen Krankenversicherung geht es darum, Prämien, Selbstbehalte und Selbstbeteiligungshöchstbeträge entsprechend Ihrer finanziellen Situation und Ihren Gesundheitsbedürfnissen abzuwägen. Es ist außerdem ratsam, Ihren Krankenversicherungsschutz jährlich während der offenen Anmeldefristen zu überprüfen, um sicherzustellen, dass er weiterhin Ihren Bedürfnissen entspricht.

Hausbesitzerversicherung

Die Hausbesitzer- oder Mieterversicherung ist ein weiteres wichtiges Sicherheitsnetz, das Ihr Zuhause und Ihr Hab und Gut vor Schäden oder Verlust durch Ereignisse wie Brände, Naturkatastrophen oder Diebstahl schützt. Die Hausbesitzerversicherung deckt in der Regel die Struktur Ihres Hauses und Ihre persönlichen Gegenstände ab, während sich die Mieterversicherung auf den Inhalt Ihres Mietobjekts konzentriert. Beide Versicherungsarten bieten auch eine Haftpflichtversicherung an, die Sie absichert, falls jemand auf Ihrem Grundstück zu Schaden kommt. Um im Schadensfall hohe Selbstbeteiligungskosten zu vermeiden, ist die Sicherstellung einer ausreichenden Absicherung, insbesondere in naturkatastrophengefährdeten Gebieten, unerlässlich.

Lebensversicherung

Eine Lebensversicherung ist für Menschen mit Hinterbliebenen von entscheidender Bedeutung, da sie Ihren Angehörigen im Falle Ihres vorzeitigen Todes finanzielle Unterstützung bietet. Die beiden Hauptarten der Lebensversicherung – Risikolebensversicherung und Lebensversicherung – dienen unterschiedlichen Zwecken. Eine Risikolebensversicherung bietet Schutz für einen bestimmten Zeitraum und ist damit eine erschwingliche Option für die Absicherung der Jahre, in denen Ihre Angehörigen finanziell am stärksten gefährdet sind. Die Risikolebensversicherung hingegen bietet lebenslangen Schutz und beinhaltet eine Barwertkomponente, die als Anlageinstrument dienen kann. Die Wahl der richtigen Art und Höhe der Lebensversicherung hängt von Ihren finanziellen Zielen, den Bedürfnissen Ihrer Angehörigen und der gesamten Nachlassplanung ab.

Autoversicherung

In den meisten Ländern ist eine Kfz-Versicherung gesetzlich vorgeschrieben. Sie erfüllt jedoch nicht nur die gesetzlichen Verpflichtungen, sondern schützt Sie auch vor den finanziellen Folgen von Unfällen, Diebstahl oder Schäden an Ihrem Fahrzeug. Die richtige Kfz-Versicherung sollte ausreichenden Versicherungsschutz für die Reparatur oder den Ersatz Ihres Fahrzeugs bieten und medizinische Kosten und Verbindlichkeiten im Zusammenhang mit einem Unfall abdecken. Es ist wichtig, dass Sie Ihre Kfz-Versicherungspolice regelmäßig überprüfen, um sicherzustellen, dass sie Ihre aktuellen Fahrgewohnheiten, den Fahrzeugwert und Ihre finanzielle Situation widerspiegelt.

Berufsunfähigkeitsversicherung

Eine oft übersehene Berufsunfähigkeitsversicherung ist für den Schutz Ihres Einkommens im Falle einer Krankheit oder Verletzung, die Sie am Arbeiten hindert, unerlässlich. Eine kurzfristige

Berufsunfähigkeitsversicherung deckt einen Teil Ihres Einkommens für einige Monate ab, während eine langfristige Berufsunfähigkeitsversicherung jahrelangen Schutz bieten kann, sogar bis zur Rente. Da die Wahrscheinlichkeit, im Laufe Ihrer Erwerbstätigkeit eine Behinderung zu erleiden, höher ist, als vielen Menschen bewusst ist, kann diese Versicherung ein entscheidender Teil Ihres finanziellen Sicherheitsnetzes sein.

Regenschirmversicherung

Die Umbrella-Versicherung bietet zusätzlichen Haftpflichtschutz, der über die Grenzen Ihrer Hausrat-, Auto- oder Mieterversicherung hinausgeht. Es ist besonders nützlich für Personen mit beträchtlichem Vermögen, da es zusätzlichen Schutz vor Klagen und Ansprüchen bietet und Anwaltskosten, Gerichtskosten und Vergleichsbeträge abdeckt, die die Grenzen Ihrer anderen Versicherungspolicen überschreiten.

Intelligente Budgetierung

Eine effektive Budgetierung ist das Rückgrat jedes finanziellen Sicherheitsnetzes und stellt sicher, dass Sie im Rahmen Ihrer Möglichkeiten leben und Ressourcen für Ersparnisse, Investitionen und Versicherungen bereitstellen. Ein gut erstelltes Budget hilft Ihnen nicht nur bei der Verwaltung Ihrer täglichen Ausgaben, sondern ermöglicht Ihnen auch, für die Zukunft zu planen und sich auf mögliche finanzielle Herausforderungen vorzubereiten.

Der erste Schritt bei der Erstellung eines intelligenten Budgets besteht darin, Ihre Einnahmen und Ausgaben zu verfolgen. Um fundierte Finanzentscheidungen treffen zu können, ist es wichtig zu verstehen, woher Ihr Geld kommt und wohin es jeden Monat fließt. Tools wie Budgetierungs-Apps, Tabellenkalkulationen oder sogar einfache Methoden mit Stift und Papier können Ihnen dabei helfen, Ausgaben zu kategorisieren und Bereiche zu identifizieren, in denen Sie Einsparungen erzielen können.

Ein erfolgreicher Haushalt priorisiert wesentliche Ausgaben – wie Wohnen, Versorgung, Lebensmittel und Versicherungen – und stellt gleichzeitig sicher, dass Sie einen Teil Ihres Einkommens für Ersparnisse und Schuldentilgung verwenden. Die 50/30/20-Regel ist eine beliebte Haushaltsrichtlinie, die besagt, dass Sie 50 % Ihres Einkommens für lebensnotwendige Dinge, 30 % für diskretionäre Dinge und 20 % für Ersparnisse und Schuldenabbau ausgeben. Diese Regel kann jedoch an Ihre spezifische finanzielle Situation angepasst werden, insbesondere wenn Sie sich in einer Phase der finanziellen Erholung befinden oder aggressiv für ein bestimmtes Ziel sparen.

Einer der größten Vorteile eines intelligenten Budgets ist seine Fähigkeit, Sie beim Aufbau und der Verwaltung eines Notfallfonds zu unterstützen.

Indem Sie regelmäßig einen Teil Ihres Einkommens für Notfälle zurücklegen, stellen Sie sicher, dass Sie auf unerwartete Ausgaben vorbereitet sind, ohne auf Kreditkarten oder Kredite zurückgreifen zu müssen. Darüber hinaus kann Ihnen die Budgetierung dabei helfen, finanzielle Verschwendung zu vermeiden und einen größeren Teil Ihrer Ressourcen für Ihre langfristigen finanziellen Ziele einzusetzen.

Über die täglichen und monatlichen Ausgaben hinaus berücksichtigt ein umfassendes Budget auch unregelmäßige und saisonale Ausgaben wie Autowartung, Hausreparaturen und Urlaubsausgaben. Wenn Sie das ganze Jahr über Mittel für diese Ausgaben vorsehen, können Sie verhindern, dass sie Ihr Budget belasten, wenn sie anfallen.

Schließlich ist Flexibilität der Schlüssel zu einer erfolgreichen Budgetierung. Das Leben ist unvorhersehbar und Ihr Budget sollte an veränderte Umstände anpassbar sein. Durch die regelmäßige

Überprüfung und Anpassung Ihres Budgets stellen Sie sicher, dass es Ihren finanziellen Zielen entspricht und unerwartete Änderungen bei Einnahmen oder Ausgaben berücksichtigen kann.

Integrieren Sie finanzielle Sicherheitsnetze in Ihre langfristige Strategie

Finanzielle Sicherheitsnetze sind keine eigenständigen Instrumente; Sie sollten in Ihre gesamte Finanzstrategie integriert werden. Indem Sie Ihren Notfallfonds, Ihren Versicherungsschutz und Ihre Budgetierungspraktiken an Ihren langfristigen finanziellen Zielen ausrichten, erstellen Sie einen zusammenhängenden Plan, der Sie nicht nur vor unmittelbaren finanziellen Risiken schützt, sondern auch die Voraussetzungen für zukünftiges Wachstum und Stabilität schafft.

Das Finanzhandbuch des Preppers

Die regelmäßige Überprüfung und Aktualisierung Ihrer finanziellen Sicherheitsnetze ist entscheidend für deren Wirksamkeit. Lebensveränderungen – wie eine Heirat, die Geburt eines Kindes oder ein bedeutender beruflicher Wechsel – können Ihre Finanzlandschaft verändern und Anpassungen Ihres Notfallfonds, Ihrer Versicherungspolicen und Ihres Budgets erforderlich machen. Durch die proaktive Verwaltung dieser Sicherheitsnetze wird sichergestellt, dass sie auch bei sich verändernden Umständen weiterhin den Schutz und die Unterstützung bieten, die Sie benötigen.

Darüber hinaus kann die Integration finanzieller Sicherheitsnetze in Ihre Anlagestrategie Ihre allgemeine finanzielle Widerstandsfähigkeit verbessern. Wenn Sie beispielsweise einen Notfallfonds unterhalten, können Sie aggressiver in langfristige Vermögenswerte investieren und wissen, dass Sie bei Bedarf über ein Polster verfügen, auf das Sie zurückgreifen können. Ebenso kann Ihnen ein angemessener Versicherungsschutz die Gewissheit geben, risikoreichere und ertragreichere Investitionen zu tätigen, in der Gewissheit, dass Ihre wichtigsten finanziellen Bedürfnisse geschützt sind.

TEIL 2:
DIVERSIFIZIERUNG UND SCHUTZ VON INVESTITIONEN

Das Finanzhandbuch des Preppers

Kapitel 4

Edelmetalle und Sachwerte

In Zeiten wirtschaftlicher Unsicherheit bieten traditionelle Finanzinstrumente wie Aktien und Anleihen möglicherweise nicht immer die Sicherheit und Stabilität, die Sie benötigen. Die Diversifizierung Ihres Anlageportfolios um Edelmetalle und Sachwerte kann Schutz vor Inflation, Marktvolatilität und Währungsabwertung bieten und macht diese Anlagen zu einem Eckpfeiler einer umfassenden Finanzvorbereitungsstrategie.

Der strategische Wert von Edelmetallen

Edelmetalle, insbesondere Gold und Silber, gelten seit langem als sichere Anlagen. Im Gegensatz zu

Papierwährungen, die durch Inflation oder staatliche Eingriffe abgewertet werden können, behalten Edelmetalle aufgrund ihrer Seltenheit, ihrer industriellen Anwendung und ihrer historischen Rolle als Vermögensspeicher ihren inneren Wert.

Gold

Gold ist oft der Anlagewert der Wahl für Anleger, die sich gegen Inflation, Währungsschwankungen und Wirtschaftskrisen absichern möchten. Sein Wert steigt tendenziell, wenn das Vertrauen in Fiat-Währungen abnimmt, was ihn zu einem wirksamen Instrument zur Erhaltung der Kaufkraft macht. Darüber hinaus ist Gold sehr liquide, was bedeutet, dass es problemlos in verschiedenen Formen gekauft oder verkauft werden kann, beispielsweise als Barren, Münzen oder börsengehandelte Fonds (ETFs). Wenn man Gold als Investition in Betracht zieht, ist es wichtig zu entscheiden, ob man in physisches Gold investiert, das eine sichere Lagerung erfordert, oder in

Finanzinstrumente wie ETFs oder Goldminenaktien, die ein Engagement am Goldpreis ermöglichen, ohne dass ein physischer Besitz erforderlich ist.

Silber

Silber bietet viele der gleichen Vorteile wie Gold, hat jedoch den zusätzlichen Vorteil, dass es erschwinglicher ist. Dies macht es einem breiteren Anlegerkreis zugänglich. Silber hat auch bedeutende industrielle Anwendungen, insbesondere in der Elektronik, Solarenergie und medizinischen Geräten, die auch in Nicht-Krisenzeiten die Nachfrage und den Preisanstieg ankurbeln können. Allerdings ist Silber volatiler als Gold, wobei die Preise nicht nur von seinem Status als Edelmetall, sondern auch von Schwankungen der industriellen Nachfrage beeinflusst werden. Anleger in Silber sollten auf größere Preisschwankungen vorbereitet sein und erwägen, Silber als langfristigen Vermögenswert innerhalb eines diversifizierten Portfolios zu halten.

Platin und Palladium

Platin und Palladium werden zwar seltener diskutiert als Gold und Silber, sind aber wertvolle Ergänzungen zu einem diversifizierten Portfolio. Beide Metalle werden in großem Umfang in der Industrie eingesetzt, insbesondere in der Automobilindustrie für Katalysatoren. Platin, das in der Vergangenheit teurer als Gold war, wird jetzt zu niedrigeren Preisen gehandelt und bietet potenzielles Aufwärtspotenzial für Anleger, die an seinen langfristigen Wert glauben. Palladium hingegen verzeichnete aufgrund von Angebotsengpässen und einer starken industriellen Nachfrage erhebliche Preissteigerungen. Die Investition in diese Metalle kann eine zusätzliche Diversifizierung und ein Engagement in Sektoren außerhalb der traditionellen Edelmetallmärkte ermöglichen.

Erwerb und Lagerung von Edelmetallen

Bei der Investition in Edelmetalle ist es wichtig, nicht nur die Art des Erwerbs, sondern auch die Lagerung und Sicherheit Ihres Vermögens zu berücksichtigen.

Physisches Eigentum

Der Besitz physischer Edelmetalle wie Gold- oder Silberbarren bietet Ihnen die direkte Kontrolle über Ihr Vermögen. Diese greifbare Anlageform ist besonders in Zeiten extremer Finanzkrisen attraktiv, in denen der Zugang zu Bankkonten oder digitalen Vermögenswerten eingeschränkt sein kann. Allerdings bringt der Besitz physischer Metalle auch Herausforderungen mit sich, darunter die Notwendigkeit einer sicheren Lagerung. Zu den

Aufbewahrungsmöglichkeiten gehören Haussafes, Bankschließfächer oder spezielle Tresore, die von Edelmetallhändlern angeboten werden. Jede Option hat ihre Vor- und Nachteile: Die Aufbewahrung zu Hause bietet sofortigen Zugriff, ist aber mit einem höheren Diebstahlrisiko verbunden, während die Aufbewahrung im Tresor eine höhere Sicherheit zu einem höheren Preis bietet.

Papier- und digitale Investitionen

Für diejenigen, die sich lieber nicht mit der Komplexität des physischen Besitzes auseinandersetzen möchten, gibt es mehrere Finanzinstrumente, die ein Engagement in Edelmetallen ermöglichen. ETFs gehören zu den beliebtesten Optionen und ermöglichen Anlegern den Kauf von Aktien, die den Preis von Gold, Silber oder anderen Metallen abbilden. Diese Fonds werden an Börsen gehandelt und können wie jede andere Aktie gekauft oder verkauft werden, was für Liquidität und einen einfachen Zugang sorgt. Eine weitere Möglichkeit besteht darin, in Aktien von Bergbauunternehmen zu investieren, die ein indirektes Engagement in Edelmetallen bieten, indem sie von der Rentabilität der Metallgewinnung und -produktion profitieren. Schließlich bieten digitale Plattformen mittlerweile die Möglichkeit, Edelmetalle in Bruchteilen zu kaufen und zu verkaufen, die häufig vom Plattformanbieter sicher aufbewahrt werden. Diese digitalen Vermögenswerte bieten zwar Komfort, bergen aber auch Kontrahentenrisiken, die beim physischen Besitz nicht bestehen.

Diversifizierung innerhalb der Edelmetalle

Es ist wichtig zu bedenken, dass Edelmetalle nicht das gesamte Anlageportfolio ausmachen sollten. Sie bieten zwar Sicherheit und eine Absicherung gegen Inflation, bieten jedoch in der Regel kein mit Aktien oder Immobilien vergleichbares Einkommen oder Kapitalwachstum. Ein gut diversifiziertes Portfolio könnte eine Mischung aus Gold, Silber, Platin und Palladium enthalten, die mit anderen Anlageklassen ausgewogen ist, um Ihre finanziellen Ziele zu erreichen.

In Sachwerte investieren: Immobilien und darüber hinaus

Sachwerte, insbesondere Immobilien, bieten einen weiteren Schutz vor wirtschaftlicher Unsicherheit. Diese materiellen Investitionen bieten einen inneren Wert, der oft im Laufe der Zeit an Wert gewinnt, und können durch Mieten oder Pachten ein stetiges Einkommen generieren.

Immobilien als Absicherung gegen Inflation

Immobilien werden oft als eine der besten Absicherungen gegen Inflation angesehen. Wenn der Wert des Geldes sinkt, steigen in der Regel die

Preise für Waren, Dienstleistungen und Immobilien, wodurch die Kaufkraft Ihrer Investition erhalten bleibt. Immobilien können auch Mieteinnahmen generieren, die tendenziell mit der Inflation steigen, was einen doppelten Vorteil von Kapitalzuwachs und Einkommensgenerierung bietet. Wenn Sie in Immobilien investieren, sollten Sie Immobilien in Gebieten mit starken wirtschaftlichen Fundamentaldaten wie Beschäftigungswachstum, Bevölkerungswachstum und Infrastrukturentwicklung in Betracht ziehen, da diese Faktoren zur langfristigen Wertsteigerung von Immobilien beitragen.

Es gibt verschiedene Möglichkeiten, in Immobilien zu investieren, jede mit ihrem eigenen Risikoprofil und ihrem eigenen Renditepotenzial.

1. Wohnimmobilien

Die Investition in Wohnimmobilien wie Einfamilienhäuser, Wohnungen oder Eigentumswohnungen ist einer der häufigsten

Einstiegswege in den Immobilienmarkt. Wohnimmobilien können stabile Mieteinnahmen und je nach Markt einen erheblichen Kapitalzuwachs bieten. Allerdings erfordern sie auch ein aktives Management, den Umgang mit Mietern, Instandhaltung und Leerstand.

2. Gewerbeimmobilien

Gewerbeimmobilien, darunter Bürogebäude, Einzelhandelsflächen und Industrieimmobilien, bieten ein höheres Ertragspotenzial, sind jedoch mit einem höheren Risiko und einer höheren Komplexität verbunden. Diese Immobilien verfügen in der Regel über längere Mietlaufzeiten und bieten so ein stabileres Einkommen, reagieren aber auch empfindlicher auf Konjunkturzyklen, insbesondere in Sektoren wie Einzelhandel oder Büroflächen, die stark von Veränderungen im Verbraucherverhalten oder Trends zur Fernarbeit betroffen sein können.

3. Real Estate Investment Trusts (REITs)

Für diejenigen, die einen unkomplizierteren Ansatz bevorzugen, bieten REITs den Zugang zu Immobilien, ohne dass physische Immobilien verwaltet werden müssen. REITs sind Unternehmen, die einkommensgenerierende Immobilien besitzen, betreiben oder finanzieren und den Großteil ihrer Gewinne als Dividenden an die Aktionäre ausschütten. Sie werden an Börsen gehandelt und bieten Liquidität und Diversifizierung über verschiedene Arten von Immobilienvermögen. REITs können jedoch von Marktvolatilität und Zinsänderungen betroffen sein und sollten daher als Teil einer umfassenderen Anlagestrategie betrachtet werden.

Andere materielle Vermögenswerte außer Immobilien

Neben Immobilien gibt es noch andere Sachwerte, die Ihr Portfolio diversifizieren und eine Absicherung gegen wirtschaftliche Unsicherheit bieten können.

1. Rohstoffe

Investitionen in Rohstoffe wie Öl, Erdgas und Agrarprodukte können Schutz vor Inflation und Marktvolatilität bieten. Diese Vermögenswerte bewegen sich oft in die entgegengesetzte Richtung zu den traditionellen Finanzmärkten und sorgen so für Ausgewogenheit in einem diversifizierten Portfolio. Rohstoffe können direkt über Terminkontrakte oder indirekt über rohstofforientierte ETFs oder Investmentfonds erworben werden.

2. Sammlerstücke

Sammlerstücke, darunter Kunstgegenstände, Antiquitäten und seltene Münzen, können im Laufe der Zeit erheblich an Wert gewinnen, insbesondere in Zeiten wirtschaftlicher Instabilität, in denen Sachwerte sehr gefragt sind. Allerdings erfordert die Investition in Sammlerstücke Spezialwissen und birgt Risiken in Bezug auf Marktliquidität, Authentizität und Bewertung. Diese Art der

Investition eignet sich am besten für diejenigen, die eine Leidenschaft für die von ihnen gesammelten Gegenstände haben und bereit sind, diese langfristig zu behalten.

3. Ackerland

Ackerland ist eine zunehmend beliebte Investition für diejenigen, die ihr reales Vermögen diversifizieren möchten. Landwirtschaftliche Flächen gewinnen im Laufe der Zeit tendenziell an Wert und können durch die Verpachtung an Landwirte oder durch direkte landwirtschaftliche Betriebe Einkommen generieren. Besonders attraktiv sind Investitionen in Agrarland in Regionen mit hoher landwirtschaftlicher Produktivität und steigender Nachfrage nach Nahrungsmitteln. Investitionen in Ackerland erfordern jedoch erhebliches Kapital und Kenntnisse des Agrarsektors, sodass sie eher für anspruchsvolle Anleger geeignet sind.

Integrieren Sie Edelmetalle und Sachwerte in Ihren Finanzplan

Obwohl Edelmetalle und Sachwerte wertvollen Schutz und Diversifizierung bieten, sollten sie sorgfältig in Ihre gesamte Finanzstrategie integriert werden. Bei diesen Anlagen handelt es sich in der Regel um langfristige Beteiligungen, die Stabilität und Absicherung gegen spezifische Risiken bieten, statt schnelles Wachstum oder Erträge zu generieren.

Der Schlüssel zur erfolgreichen Integration von Edelmetallen und Sachwerten in Ihr Portfolio ist Ausgewogenheit. Während diese Vermögenswerte Sicherheit und Diversifizierung bieten, sind sie auch mit Risiken verbunden, wie etwa der Preisvolatilität bei Metallen oder der Illiquidität bei Immobilien. Um diese Risiken zu bewältigen, sollten Sie erwägen, einen Teil Ihres Portfolios diesen Vermögenswerten zuzuordnen und gleichzeitig das Engagement in Aktien, Anleihen und anderen

Das Finanzhandbuch des Preppers

Finanzinstrumenten aufrechtzuerhalten, die Wachstum und Erträge bieten.

Darüber hinaus kann der Zeitpunkt Ihrer Investitionen in Edelmetalle und Sachwerte Ihre Rendite erheblich beeinflussen. Beispielsweise kann der Kauf von Gold in Zeiten wirtschaftlicher Stabilität geringere Renditen erzielen als der Kauf in Zeiten der Finanzkrise. Ebenso können Immobilienmärkte je nach Standort und wirtschaftlichen Bedingungen stark variieren. Wenn Sie Markttrends verstehen und Ihre Investitionen entsprechend planen, können Sie die Effektivität dieser Vermögenswerte in Ihrem Portfolio steigern.

Für langfristige Anlagestrategien eignen sich häufig Edelmetalle und Sachwerte am besten. Im Gegensatz zu Aktien oder Anleihen, die häufig gehandelt werden können, benötigen diese Vermögenswerte in der Regel einen längeren Zeithorizont, um ihren vollen Wert auszuschöpfen. Geduld und eine langfristige Perspektive sind unerlässlich, um den Nutzen dieser Investitionen zu maximieren, insbesondere in Zeiten der Marktvolatilität oder des wirtschaftlichen Abschwungs.

Das Finanzhandbuch des Preppers

Kapitel 5

Aktien, Anleihen und festverzinsliche Anlagen

Die Investition in Aktien, Anleihen und andere festverzinsliche Wertpapiere ist von grundlegender Bedeutung für jede umfassende Finanzstrategie. Diese Instrumente bieten eine Reihe von Wachstums-, Ertrags- und Stabilitätschancen und tragen dazu bei, das Risiko innerhalb eines diversifizierten Portfolios auszugleichen. In diesem Kapitel befassen wir uns mit den wesentlichen Aspekten dieser Investitionen und vermitteln Ihnen das Wissen und die Strategien, die Sie benötigen, um sich in der Komplexität der Finanzmärkte zurechtzufinden, Renditen zu maximieren und Ihre finanzielle Zukunft zu sichern.

Aktien verstehen

Aktien repräsentieren Eigentum an einem Unternehmen und geben Anlegern einen Anspruch auf die Vermögenswerte und Erträge des Unternehmens. Als Aktionär profitieren Sie durch Kapitalzuwachs und Dividenden vom Erfolg des Unternehmens. Allerdings können Aktienkurse volatil sein und von Marktbedingungen, wirtschaftlichen Faktoren und der Unternehmensleistung beeinflusst werden. Ein gut aufgebautes Aktienportfolio kann ein erhebliches Wachstumspotenzial bieten, erfordert jedoch eine sorgfältige Verwaltung, um Risiken zu mindern.

Arten von Aktien

1. Stammaktien

Stammaktien gewähren Stimmrechte und eine Beteiligung am Unternehmensgewinn durch Dividenden. Sie bieten das Potenzial für erhebliche Kapitalgewinne, da ihr Wert mit dem Erfolg des Unternehmens steigt. Allerdings unterliegen sie auch Marktvolatilität, wobei die Preise je nach Anlegerstimmung, Wirtschaftslage und Unternehmensleistung schwanken.

2. Vorzugsaktien

Vorzugsaktien bieten feste Dividenden und haben im Falle einer Liquidation einen höheren Vermögensanspruch als Stammaktien. Obwohl sie in der Regel kein Stimmrecht gewähren, sind Vorzugsaktien weniger volatil als Stammaktien und bieten eine stabilere Einnahmequelle. Sie werden oft als Hybrid aus Aktien und Anleihen betrachtet und bieten ein ausgewogenes Verhältnis von Erträgen und Potenzial für Kapitalzuwachs.

3. Wachstumsaktien

Wachstumsaktien sind Aktien von Unternehmen, von denen erwartet wird, dass sie ihre Gewinne im Vergleich zu anderen Unternehmen überdurchschnittlich steigern. Diese Unternehmen reinvestieren Gewinne, um das Wachstum voranzutreiben, anstatt Dividenden zu zahlen.

Während Wachstumsaktien ein erhebliches Potenzial für Kapitalzuwachs bieten, bergen sie auch ein höheres Risiko, da ihr Erfolg von der weiteren Expansion und Rentabilität des Unternehmens abhängt.

4. Value-Aktien

Value-Aktien sind Aktien von Unternehmen, die vom Markt unterbewertet sind. Diese Aktien werden im Vergleich zu ihren Fundamentaldaten wie Gewinn oder Buchwert oft zu einem niedrigeren Preis gehandelt. Beim Value-Investing geht es darum, diese unterbewerteten Unternehmen zu identifizieren, in der Erwartung, dass ihre Aktienkurse letztendlich ihren wahren Wert widerspiegeln. Value-Aktien bieten in der Regel ein geringeres Risiko als Wachstumsaktien und können Dividenden bieten, die eine Kombination aus Erträgen und Potenzial für Kapitalzuwachs bieten.

5. Dividendenaktien

Dividendenaktien sind Aktien von Unternehmen, die den Aktionären regelmäßig Gewinne durch Dividenden zurückgeben. Diese Aktien bieten eine zuverlässige Einnahmequelle und sind daher für einkommensorientierte Anleger attraktiv. Unternehmen, die Dividenden zahlen, sind oft gut etabliert und weisen eine Erfolgsbilanz bei der Rentabilität auf. Sie bieten im Vergleich zu Wachstumsaktien ein geringeres Risiko. Auch die Reinvestition von Dividenden kann die Rendite im Laufe der Zeit steigern, da Dividenden für den Kauf zusätzlicher Aktien verwendet werden, wodurch sich die Investition erhöht.

Diversifizierung bei Aktienanlagen

Beim Aufbau eines diversifizierten Aktienportfolios müssen die Investitionen auf verschiedene Sektoren, Branchen und geografische Regionen verteilt werden, um das Risiko zu reduzieren. Diversifizierung trägt zum Schutz vor Marktvolatilität bei, da die Leistung verschiedener

Sektoren je nach Wirtschaftslage variieren kann. Indem Sie eine Mischung aus Aktien verschiedener Branchen und Regionen halten, können Sie ein Gleichgewicht aus Wachstum und Stabilität erreichen und so die Auswirkungen einer schlechten Wertentwicklung einer einzelnen Aktie auf Ihr Gesamtportfolio reduzieren.

Anleihen

Anleihen sind Schuldtitel, die von Regierungen, Unternehmen oder anderen Körperschaften zur Kapitalbeschaffung ausgegeben werden. Wenn Sie eine Anleihe kaufen, leihen Sie dem Emittenten Geld im Austausch für regelmäßige Zinszahlungen und die Rückgabe des Nennwerts der Anleihe bei Fälligkeit. Anleihen gelten als risikoärmer als Aktien, bieten stabilere Renditen und sorgen durch Zinszahlungen für Erträge. Sie sind ein wichtiger Bestandteil eines ausgewogenen Portfolios und bieten Stabilität und Diversifizierung.

Arten von Anleihen

1. Staatsanleihen

Staatsanleihen werden von nationalen Regierungen ausgegeben und gelten als eine der sichersten Anlagen, da sie durch die Fähigkeit der Regierung, Steuern zu erheben und Geld zu drucken, abgesichert sind. Beispielsweise sind US-Staatsanleihen im Hinblick auf das Kreditrisiko praktisch risikofrei, obwohl sie möglicherweise ein Zinsrisiko bergen. Staatsanleihen bieten im Vergleich zu Unternehmensanleihen niedrigere Renditen, was ihr geringeres Risiko widerspiegelt.

2. Kommunalanleihen

Kommunalanleihen oder „Munis" werden von staatlichen oder lokalen Regierungen ausgegeben, um öffentliche Projekte wie Schulen, Straßen und Infrastruktur zu finanzieren. Die auf Kommunalanleihen erzielten Zinsen sind oft von der Bundes- und manchmal auch von der

Landessteuer befreit, was sie für Anleger in höheren Steuerklassen attraktiv macht. Allerdings bergen sie ein gewisses Risiko, da sie von der finanziellen Lage der ausstellenden Gemeinde abhängig sind.

3. Unternehmensanleihen

Unternehmensanleihen werden von Unternehmen ausgegeben, um Kapital für Expansion, Betrieb oder andere Geschäftsaktivitäten zu beschaffen. Aufgrund des höheren Ausfallrisikos bieten sie in der Regel höhere Renditen als Staatsanleihen. Unternehmensanleihen werden von Ratingagenturen auf der Grundlage der finanziellen Stabilität des Emittenten bewertet, wobei höher bewertete Anleihen (Investment Grade) ein geringeres Risiko und niedrigere Renditen bieten und niedriger bewertete Anleihen (Hochzinsanleihen oder „Junk"-Anleihen) höhere, aber höhere Renditen bieten Risiko.

Anleiheratings und Kreditrisiko

Anleiheratings sind Beurteilungen der Kreditwürdigkeit des Anleiheemittenten, die von Ratingagenturen wie Moody's, S&P und Fitch bereitgestellt werden. Anleihen werden auf einer Skala von AAA (höchste Qualität) bis D (Standard) bewertet. Anleihen mit Investment-Grade-Rating (BBB- oder höher) gelten als sicherer und weisen ein geringeres Ausfallrisiko auf, während Anleihen ohne Investment-Grade-Rating (BB+ oder niedriger) ein höheres Risiko bergen, aber höhere Renditen bieten. Das Verständnis der Anleihenratings ist von entscheidender Bedeutung, um das Risiko-Rendite-Profil Ihrer Anleihenanlagen zu beurteilen und sicherzustellen, dass sie mit Ihrer gesamten Anlagestrategie übereinstimmen.

Die Rolle von Anleihen in einem diversifizierten Portfolio

Anleihen bilden in einem diversifizierten Portfolio ein Gegengewicht zu Aktien. Während Aktien

Wachstumspotenzial bieten, sorgen Anleihen für Stabilität und Erträge und verringern so das Gesamtrisiko des Portfolios. Der Anteil der Anleihen in Ihrem Portfolio sollte Ihre Risikotoleranz, Ihre Anlageziele und Ihren Zeithorizont widerspiegeln. Für konservative Anleger oder solche, die kurz vor dem Ruhestand stehen, kann eine höhere Allokation in Anleihen angemessen sein, um Kapital zu erhalten und Erträge zu generieren. Umgekehrt könnten sich jüngere Anleger mit einem längeren Anlagehorizont für eine höhere Allokation in Aktien entscheiden und dabei eine höhere Volatilität für ein größeres Wachstumspotenzial in Kauf nehmen.

Festverzinsliche Anlagen

Festverzinsliche Anlagen, darunter Anleihen und andere Wertpapiere, bieten regelmäßige Erträge durch Zins- oder Dividendenzahlungen. Diese Anlagen sind ideal für konservative Anleger, die stabile Renditen und Kapitalerhalt anstreben. Festverzinsliche Wertpapiere können auf bestimmte Anlageziele zugeschnitten werden, z. B. auf die Erzielung von Erträgen, die Reduzierung von Risiken oder die Erreichung eines Gleichgewichts zwischen Wachstum und Stabilität.

Einlagenzertifikate (CDs)

CDs sind von Banken angebotene Termineinlagen mit einem festen Zinssatz für eine bestimmte Laufzeit, die von einigen Monaten bis zu mehreren Jahren reichen kann. CDs sind risikoarme Anlagen, die von der FDIC bis zu 250.000 US-Dollar pro Einleger und Bank versichert sind. Sie bieten höhere Zinssätze als herkömmliche Sparkonten und sind daher eine geeignete Option für Anleger, die stabile Renditen bei minimalem Risiko suchen. Bei CDs müssen Sie Ihr Guthaben jedoch für die Laufzeit sperren, wobei bei vorzeitiger Auszahlung Strafen anfallen.

Renten

Rentenversicherungen sind Versicherungsprodukte, die im Gegenzug für eine Kapitalanlage regelmäßige Einkommenszahlungen ermöglichen. Sie werden häufig als Instrument zur Ruhestandsplanung eingesetzt und bieten eine vorhersehbare Einkommensquelle im Ruhestand. Es gibt verschiedene Arten von Renten, darunter feste, variable und indexierte Renten, jede mit ihren eigenen Risiko- und Renditemerkmalen. Feste Renten bieten garantierte Zahlungen, während variable Renten Erträge bieten, die an die Wertentwicklung eines Anlageportfolios gekoppelt sind, was das Potenzial für höhere Renditen bei gleichzeitig höherem Risiko bietet.

Vorzugsaktien

Vorzugspapiere, einschließlich Vorzugsaktien und Hybridpapiere, bieten festverzinsliche Eigenschaften mit dem Potenzial für höhere Renditen als Anleihen. Vorzugsaktien zahlen feste Dividenden, ähnlich wie die Zinszahlungen von

Anleihen, und haben im Liquidationsfall Vorrang vor Stammaktien. Hybride Wertpapiere wie Wandelanleihen kombinieren Elemente von Aktien und Anleihen und bieten festverzinsliche Wertpapiere mit Potenzial für Kapitalzuwachs. Diese Wertpapiere können einkommensorientierten Anlegern höhere Renditen bieten, obwohl sie möglicherweise ein höheres Risiko bergen als herkömmliche Anleihen.

Leiterstrategien

Laddering ist eine Strategie zur Steuerung des Zinsrisikos und zur Bereitstellung von Liquidität in Rentenportfolios. Durch den Kauf von Anleihen oder CDs mit gestaffelten Laufzeiten schaffen Sie eine „Leiter" von Anlagen, die in regelmäßigen Abständen fällig werden. Mit diesem Ansatz können Sie fällig werdende Vermögenswerte zu aktuellen Zinssätzen reinvestieren und so möglicherweise Ihre Rendite steigern, während Sie gleichzeitig Zugang zu Liquidität behalten.

Laddering ist besonders effektiv in Umgebungen mit steigenden Zinssätzen, da es Ihnen ermöglicht, im Laufe der Zeit höhere Zinssätze zu erzielen.

Der Einfluss der Zinssätze

Zinssätze spielen eine entscheidende Rolle für die Wertentwicklung von Anleihen und anderen festverzinslichen Anlagen. Wenn die Zinssätze steigen, sinkt typischerweise der Wert bestehender Anleihen, da neue Anleihen zu höheren Zinssätzen ausgegeben werden. Umgekehrt werden bestehende Anleihen mit höheren Zinsen bei sinkenden Zinsen wertvoller. Das Verständnis des Zusammenhangs zwischen Zinssätzen und Anleihepreisen ist für die Verwaltung festverzinslicher Anlagen und die Positionierung Ihres Portfolios, um von Änderungen im Zinsumfeld zu profitieren, von entscheidender Bedeutung.

Integrieren Sie Aktien, Anleihen und festverzinsliche Anlagen in Ihren Finanzplan

Um ein belastbares und abgerundetes Portfolio aufzubauen, ist es wichtig, Aktien, Anleihen und festverzinsliche Anlagen strategisch zu integrieren. Diese Vermögenswerte erfüllen in Ihrem Portfolio unterschiedliche Rollen und sorgen für ein ausgewogenes Verhältnis von Wachstum, Einkommen und Stabilität.

Vermögensaufteilung

Bei der Vermögensallokation geht es darum, die optimale Mischung aus Aktien, Anleihen und anderen Anlagen zu bestimmen, um Ihre finanziellen Ziele zu erreichen. Diese Entscheidung sollte auf Ihrer Risikotoleranz, Ihrem Anlagehorizont und Ihren Einkommensbedürfnissen basieren. Ein gängiger Ansatz besteht darin, eine prozentuale Aufteilung zu verwenden, beispielsweise 60 % Aktien und 40 % Anleihen, die im Laufe der Zeit angepasst werden kann, wenn sich Ihre Umstände ändern. Durch die regelmäßige Überprüfung und Neuausrichtung Ihres Portfolios stellen Sie sicher, dass Ihre Vermögensallokation weiterhin Ihren Zielen entspricht.

Diversifizierung über Anlageklassen hinweg

Die Diversifizierung über Anlageklassen hinweg – Aktien, Anleihen und festverzinsliche Anlagen – trägt dazu bei, Risiken zu reduzieren und die Renditen im Laufe der Zeit auszugleichen. Indem Sie die Investitionen auf verschiedene Anlageklassen verteilen, schützen Sie Ihr Portfolio vor den Auswirkungen einer schlechten Wertentwicklung einer einzelnen Anlageklasse. Wenn beispielsweise die Aktienmärkte fallen, behalten Anleihen häufig ihren Wert oder steigen und sorgen so für Stabilität.

Integration von Inflationsschutz

Die Inflation kann die Kaufkraft festverzinslicher Anlagen untergraben. Um sich vor diesem Risiko zu schützen, können Anleger Vermögenswerte wie TIPS, Dividendenaktien oder Rohstoffe wie Gold einsetzen, die sich in inflationären Umgebungen tendenziell gut entwickeln.

Investieren während des wirtschaftlichen Abschwungs

In Rezessionen oder Zeiten wirtschaftlicher Instabilität können bestimmte Anlagestrategien zur Vermögenserhaltung beitragen. Defensive Aktien, Anleihen mit kurzer Laufzeit und Zahlungsmitteläquivalente sorgen für Stabilität, während durch eine taktische Vermögensallokation Marktchancen genutzt werden können, die sich in Abschwüngen ergeben.

Das Finanzhandbuch des Preppers

Kapitel 6

Offshore-Konten und internationale Strategien

In einer Welt, in der wirtschaftliche Unsicherheiten ohne Vorwarnung auftreten können, erfordert der Schutz Ihres Vermögens ein Denken über die Landesgrenzen hinaus. Offshore-Konten und internationale Strategien bieten Möglichkeiten zur Diversifizierung Ihres Vermögens, zur Reduzierung der Steuerschulden und zum Schutz Ihres Vermögens vor potenziellen Risiken, die mit dem wirtschaftlichen Abschwung eines einzelnen Landes verbunden sind.

Offshore-Konten verstehen

Offshore-Konten, oft gleichbedeutend mit Bankgeheimnis und Vermögensschutz, sind

Bankkonten, die in einem anderen Land als Ihrem Wohnsitz eröffnet werden. Diese Konten können verschiedenen Zwecken dienen, vom Schutz von Vermögenswerten vor inländischer wirtschaftlicher Instabilität bis hin zum Zugang zu Finanzprodukten, die in Ihrem Heimatland nicht verfügbar sind. Während Offshore-Konten den Ruf erlangt haben, Werkzeuge der Reichen zu sein, können sie Privatpersonen aus allen Gesellschaftsschichten zugute kommen, wenn sie legal und strategisch eingesetzt werden.

Vorteile des Offshore-Bankings

1. Vermögensschutz

Offshore-Konten bieten einen gewissen Schutz vor möglichen rechtlichen Schritten in Ihrem Heimatland, wie z. B. Klagen oder Beschlagnahmungen von Vermögenswerten. Dies ist besonders wichtig für Personen in Hochrisikoberufen oder solchen mit erheblichen persönlichen oder geschäftlichen Verpflichtungen.

2. Währungsdiversifikation

Wenn Sie mehrere Währungen auf Offshore-Konten halten, können Sie sich gegen Währungsabwertungen in Ihrem Heimatland absichern. Diese Diversifizierung kann besonders in Zeiten wirtschaftlicher Instabilität oder bei einer Inflation Ihrer Landeswährung von Vorteil sein.

3. Zugang zu globalen Investitionen

Offshore-Konten bieten häufig Zugang zu einem breiteren Spektrum an Anlagemöglichkeiten, darunter internationale Aktien, Anleihen und Investmentfonds, die im Inland möglicherweise nicht verfügbar sind. Dies kann die Diversifizierung und das Wachstumspotenzial Ihres Portfolios verbessern.

4. Vertraulichkeit und Datenschutz

Viele Offshore-Jurisdiktionen bieten ein höheres Maß an Bankgeheimnis als inländische Banken und schützen so Ihre finanzielle Privatsphäre. Es ist jedoch wichtig, die rechtlichen Anforderungen für die Meldung von Offshore-Konten an die Steuerbehörden in Ihrem Heimatland zu verstehen.

Die richtige Gerichtsbarkeit wählen

Die Auswahl der geeigneten Gerichtsbarkeit für ein Offshore-Konto ist eine wichtige Entscheidung, die von mehreren Faktoren abhängt, darunter politischer und wirtschaftlicher Stabilität, Bankvorschriften und Steuerabkommen mit Ihrem Heimatland. Beliebte Offshore-Banking-Ziele sind die Schweiz, die Kaimaninseln, Singapur und Luxemburg, die jeweils einzigartige Vorteile und Überlegungen bieten.

- Schweiz

Die Schweiz ist für ihre Gesetze zum Bankgeheimnis bekannt und bietet ein stabiles politisches Umfeld und ein breites Spektrum an Finanzdienstleistungen. Schweizer Banken bieten anspruchsvolle Vermögensverwaltungslösungen an, allerdings haben jüngste Änderungen der internationalen Vorschriften einige der Datenschutzvorteile reduziert.

- **Kaimaninseln**

Die Kaimaninseln sind aufgrund ihrer Nullsteuerpolitik auf Einkommen, Kapitalgewinne und Dividenden ein beliebtes Offshore-Banking-Ziel. Es bietet eine stabile Wirtschaft und einen starken rechtlichen Rahmen zum Schutz von Vermögenswerten, was es zu einer attraktiven Option für Anleger macht, die Steuereffizienz anstreben.

- **Singapur**

Singapur ist für seinen robusten Finanzsektor, seine politische Stabilität und sein strenges regulatorisches Umfeld bekannt. Es bietet eine Reihe von Bankdienstleistungen, einschließlich Konten in mehreren Währungen, und ist ein Tor zu den asiatischen Märkten, was es ideal für Anleger mit Interesse an der Region macht.

- **Luxemburg**

Luxemburg bietet ein hohes Maß an finanzieller Privatsphäre und Zugang zu einer breiten Palette von Anlageprodukten. Als Mitglied der Europäischen Union bietet es Stabilität und Zugang zu europäischen Märkten, hält sich aber auch an strenge EU-Vorschriften zur Steuertransparenz.

Eröffnung und Verwaltung eines Offshore-Kontos

Der Prozess der Eröffnung eines Offshore-Kontos variiert je nach Gerichtsbarkeit, erfordert jedoch in der Regel einen strengen Due-Diligence-Prozess. Um die internationalen Vorschriften zur Bekämpfung der Geldwäsche (AML) einzuhalten, benötigen Banken Ausweisdokumente, einen Wohnsitznachweis und Informationen über die Herkunft der Gelder. Es ist wichtig, mit einem seriösen Finanzberater oder Anwalt zusammenzuarbeiten, um die rechtlichen

Komplexitäten zu bewältigen und die Einhaltung lokaler und internationaler Gesetze sicherzustellen.

Obwohl Offshore-Konten zahlreiche Vorteile bieten, ist es von entscheidender Bedeutung, die steuerlichen Meldepflichten in Ihrem Heimatland einzuhalten. Viele Länder, darunter auch die Vereinigten Staaten, verlangen von ihren Bürgern, ausländische Bankkonten anzugeben und Steuern auf alle erzielten Einkünfte zu zahlen, unabhängig davon, wo sie erwirtschaftet wurden. Bei Nichtbeachtung können erhebliche Strafen und rechtliche Konsequenzen nach sich ziehen.

Der Foreign Account Tax Compliance Act (FATCA) und der Common Reporting Standard (CRS) sind internationale Abkommen, die Finanzinstitute dazu verpflichten, Informationen über ausländische Kontoinhaber an ihre jeweiligen Steuerbehörden zu melden. Das Verständnis dieser Vorschriften ist wichtig, um rechtliche Probleme zu vermeiden und sicherzustellen, dass Ihre Offshore-Strategien vollständig konform sind.

Globale Vermögensdiversifizierung

Durch die globale Diversifizierung Ihrer Vermögenswerte können Sie Ihre finanzielle Sicherheit verbessern, indem Sie die Risiken verringern, die mit einem einzelnen Land oder Markt verbunden sind. Bei der globalen Vermögensdiversifizierung geht es darum, Investitionen über verschiedene geografische Regionen, Anlageklassen und Währungen zu verteilen, um ein ausgewogenes und belastbares Portfolio zu erreichen.

Geografische Diversifizierung

Wenn Sie in mehreren Ländern investieren, verringern Sie das Risiko einer wirtschaftlichen oder politischen Instabilität in einer Region, die sich negativ auf Ihr gesamtes Portfolio auswirkt. Eine geografische Diversifizierung kann durch Direktinvestitionen in ausländische Aktien und Anleihen, Investmentfonds, börsengehandelte Fonds (ETFs) mit Schwerpunkt auf internationalen Märkten und Immobilien in verschiedenen Ländern erreicht werden.

Investitionen in Schwellenmärkten bieten aufgrund des schnellen Wirtschaftswachstums das Potenzial für hohe Renditen, sind aber auch mit einem erhöhten Risiko verbunden. Länder wie China, Indien und Brasilien bieten Möglichkeiten für einen erheblichen Kapitalzuwachs, allerdings sollten Anleger auf Volatilität, politische Risiken und Währungsschwankungen achten.

Entwickelte Märkte wie die Vereinigten Staaten, Europa und Japan bieten Stabilität und ein geringeres Risiko im Vergleich zu Schwellenländern. Diese Märkte zeichnen sich durch gut etablierte Finanzsysteme, starke rechtliche Rahmenbedingungen und ausgereifte Volkswirtschaften aus, was sie für langfristige Investitionen attraktiv macht.

Diversifizierung der Anlageklassen

Zur globalen Vermögensdiversifizierung gehört auch die Streuung Ihrer Anlagen auf verschiedene Anlageklassen, darunter Aktien, festverzinsliche Wertpapiere, Immobilien, Rohstoffe und alternative Anlagen. Jede Anlageklasse entwickelt sich unter verschiedenen wirtschaftlichen Bedingungen anders, und ein diversifiziertes Portfolio kann dazu beitragen, Verluste bei Marktabschwüngen abzumildern.

Durch die Investition in internationale Aktien können Sie am Wachstum globaler Unternehmen und Branchen teilhaben, die auf Ihrem Heimatmarkt möglicherweise nicht verfügbar sind. Durch die Diversifizierung über Sektoren und Regionen hinweg können die Auswirkungen lokaler wirtschaftlicher Herausforderungen verringert werden.

Globale Anleihen, einschließlich Staats- und Unternehmensanleihen ausländischer Emittenten, bieten Ertrags- und Diversifizierungsvorteile. Diese Anleihen können insbesondere in Ländern mit höheren Zinssätzen höhere Renditen als inländische Anleihen bieten, sind aber auch mit Währungsrisiken und potenzieller politischer Instabilität verbunden.

Der Besitz von Immobilien in verschiedenen Ländern kann Einnahmen durch Mietobjekte und Kapitalzuwachs generieren. Internationale Immobilieninvestitionen, darunter Wohn-, Gewerbe- und Industrieimmobilien, bieten Diversifizierung und Schutz vor Inflation in bestimmten Regionen.

Währungsdiversifikation

Das Halten mehrerer Währungen als Teil Ihrer globalen Vermögensstrategie kann Ihr Vermögen vor der Abwertung einer einzelnen Währung schützen. Eine Währungsdiversifizierung kann durch ausländische Bankkonten, internationale Investitionen und währungsorientierte ETFs erreicht werden.

Beim aktiven Devisenhandel werden Währungen gekauft und verkauft, um von Wechselkursschwankungen zu profitieren. Der Devisenhandel kann zwar profitabel sein, erfordert jedoch Fachwissen und birgt aufgrund der Marktvolatilität ein erhebliches Risiko.

Bei der Absicherung werden Finanzinstrumente wie Optionen und Futures zum Schutz vor ungünstigen Währungsschwankungen eingesetzt. Diese Strategie kann das Währungsrisiko bei internationalen Investitionen verringern, ist jedoch auch mit Kosten und Komplexität verbunden.

Ethische und rechtliche Überlegungen

Obwohl Offshore-Konten und internationale Strategien zahlreiche Vorteile bieten, ist es wichtig, die ethischen und rechtlichen Auswirkungen einer grenzüberschreitenden Vermögensübertragung zu berücksichtigen. Die Gewährleistung der Einhaltung internationaler Gesetze, die Vermeidung von Steuerhinterziehung und die Wahrung der Transparenz sind für die verantwortungsvolle Umsetzung dieser Strategien von entscheidender Bedeutung.

- **Steuerkonformität und Berichterstattung**

Die Wahrung der Transparenz gegenüber den Steuerbehörden in Ihrem Heimatland ist von entscheidender Bedeutung, wenn Sie Offshore-Banking und globale Vermögensdiversifizierung betreiben. Das Verstehen und Einhalten der Steuermeldepflichten wie FATCA und CRS hilft, rechtliche Probleme zu vermeiden und stellt sicher, dass Ihr Vermögen im Rahmen der gesetzlichen Bestimmungen geschützt ist.

- **Ethische Vermögensverwaltung**

Ethische Vermögensverwaltung beinhaltet den Einsatz von Offshore- und internationalen Strategien für legitime Zwecke wie Vermögensschutz, Diversifizierung und Finanzplanung. Strategien zur Steuerhinterziehung oder zur Verschleierung von Vermögenswerten sind unbedingt zu vermeiden, da diese Praktiken schwerwiegende rechtliche Konsequenzen nach sich ziehen und Ihren Ruf schädigen können.

- **Auswahl seriöser Berater**

Die Zusammenarbeit mit renommierten Finanzberatern, Anwälten und Steuerexperten ist für die erfolgreiche Umsetzung von Offshore- und internationalen Strategien von entscheidender Bedeutung. Diese Fachleute können dabei helfen, die Komplexität des globalen Finanzwesens zu meistern, die Einhaltung aller relevanten Gesetze sicherzustellen und Ratschläge zu ethischen Vermögensverwaltungspraktiken zu geben.

Offshore-Konten und internationale Strategien können in einem umfassenden Plan zur finanziellen Vorbereitung eine entscheidende Rolle spielen und Schutz, Diversifizierung und Wachstumschancen bieten. Allerdings müssen diese Strategien unter sorgfältiger Berücksichtigung rechtlicher Anforderungen und ethischer Standards umgesetzt werden. Durch die Integration von Offshore- und internationalen Elementen in Ihren Finanzplan können Sie ein widerstandsfähiges und robustes Portfolio erstellen, das wirtschaftlichen Unsicherheiten standhält und Ihr Vermögen für die Zukunft schützt.

Das Finanzhandbuch des Preppers

TEIL 3:

Unter Ihren Verhältnissen leben und Schulden verwalten

Das Finanzhandbuch des Preppers

Kapitel 7

Sparsamkeit und intelligente Ausgaben

Bei der finanziellen Vorbereitung geht es nicht nur um die Investition und den Schutz von Vermögenswerten. Es beginnt mit der Grundlage von Sparsamkeit und klugem Ausgeben. In Zeiten wirtschaftlicher Unsicherheit wird die Fähigkeit, mit weniger gut leben zu können, zu einer unschätzbar wertvollen Fähigkeit. In diesem Kapitel werden praktische Ansätze zur Einführung eines sparsamen Lebensstils, zum Erkennen finanzieller Verschwendung und zum Treffen intelligenter Ausgabenentscheidungen untersucht, die zur langfristigen finanziellen Sicherheit beitragen. Indem Sie Sparsamkeit beherrschen, schaffen Sie einen Puffer, der Ihre finanzielle Widerstandsfähigkeit stärkt und es Ihnen ermöglicht, wirtschaftliche Stürme besser zu überstehen.

Die Philosophie der Genügsamkeit

Bei Sparsamkeit geht es nicht um Entbehrungen, sondern darum, bewusste Entscheidungen zu treffen, die mit Ihren finanziellen Zielen im Einklang stehen. Dabei handelt es sich um die Praxis, im Rahmen oder unter den eigenen Verhältnissen zu leben, den Bedürfnissen Vorrang vor den Wünschen zu geben und den Wert eher in Erfahrungen als in materiellen Besitztümern zu sehen. Eine sparsame Denkweise kann Ihre Sicht auf Geld verändern und zu klügeren Finanzentscheidungen und größerer Zufriedenheit im Leben führen.

Einer der ersten Schritte auf dem Weg zur Genügsamkeit besteht darin, klar zwischen Bedürfnissen und Wünschen zu unterscheiden.

Bedürfnisse sind für das Überleben und das Wohlbefinden unerlässlich, wie etwa Nahrung, Unterkunft und Gesundheitsversorgung, während Bedürfnisse unwesentliche Dinge sind, die vorübergehende Befriedigung bieten. Indem Sie sich auf die Erfüllung Ihrer Bedürfnisse konzentrieren und die Ausgaben für Wünsche minimieren, können Sie Ressourcen für Einsparungen und Investitionen umleiten.

Sparsamkeit führt oft zu einem einfacheren, erfüllteren Leben. Indem Sie unnötige Ausgaben vermeiden, reduzieren Sie Stress, Unordnung und finanzielle Belastungen und können sich auf das konzentrieren, was wirklich wichtig ist. Dieser Perspektivwechsel kann zu mehr Glück und Zufriedenheit führen, wenn Sie lernen, den Wert von Erfahrungen, Beziehungen und persönlichem Wachstum gegenüber materiellen Besitztümern zu schätzen.

Praktische Tipps für ein gutes Leben mit weniger Geld

Ein sparsamer Lebensstil bedeutet nicht, auf Qualität oder Komfort zu verzichten. Dabei geht es darum, strategische Entscheidungen zu treffen, die den Wert maximieren und gleichzeitig die Kosten minimieren. Hier sind einige praktische Tipps, die Ihnen helfen, mit weniger gut auszukommen:

1. Budgetierung für den Erfolg

Erstellen Sie ein detailliertes Budget, das Ihre Einnahmen, Ausgaben und finanziellen Ziele darlegt. Verfolgen Sie Ihre Ausgaben regelmäßig, um Bereiche zu identifizieren, in denen Sie Einsparungen erzielen können, ohne Ihre Lebensqualität zu beeinträchtigen. Ein gut geplantes Budget ist der Grundstein für finanzielle Sicherheit. Es stellt sicher, dass Sie Ihre Ziele verfolgen und gleichzeitig unnötige Schulden vermeiden.

2. Umfassende DIY-Lösungen

Wenn Sie lernen, Dinge selbst zu tun, können Sie viel Geld sparen. Ganz gleich, ob Sie zu Hause kochen, grundlegende Reparaturen zu Hause durchführen oder Ihr eigenes Gemüse anbauen: DIY-Fertigkeiten können Ihre Abhängigkeit von kostenpflichtigen Dienstleistungen verringern und Ihnen dabei helfen, Selbstständigkeit zu entwickeln.

3. Intelligente Einkaufsstrategien

Übernehmen Sie Strategien wie den Einkauf in großen Mengen, den Einkauf während des Verkaufs und die Verwendung von Gutscheinen, um Ihre Lebensmittelrechnungen zu senken. Vermeiden Sie Impulskäufe, indem Sie Einkaufslisten erstellen und diese einhalten. Erwägen Sie den Kauf von Second-Hand-Artikeln oder hochwertigen Gebrauchtwaren, mit denen Sie erhebliche Einsparungen erzielen können, ohne dass die Qualität darunter leidet.

4. Energie- und Versorgungseinsparungen

Reduzieren Sie Ihre Stromrechnungen, indem Sie auf den Energieverbrauch achten. Einfache Maßnahmen wie das Ausschalten des Lichts bei

Nichtgebrauch, die Verwendung energieeffizienter Geräte und die Isolierung Ihres Hauses können zu erheblichen Einsparungen führen. Erwägen Sie außerdem, auf nicht unbedingt notwendige Dienste wie Kabelfernsehabonnements oder teure Telefontarife zu verzichten.

Finanzielle Verschwendung erkennen

Finanzielle Verschwendung ist oft eine stille Belastung Ihrer Ressourcen, die Ihre Ersparnisse aufzehrt und Ihre Investitionsmöglichkeiten einschränkt. Das Erkennen und Eliminieren verschwenderischer Ausgaben ist für die Verbesserung Ihrer finanziellen Vorbereitung von entscheidender Bedeutung.

Überprüfen Sie alle Ihre Abonnements und Mitgliedschaften, um festzustellen, ob sie wirklich notwendig sind. Kündigen Sie diejenigen, die Sie selten verwenden oder die Ihrem Leben keinen Mehrwert verleihen. Selbst kleine monatliche Gebühren können sich im Laufe der Zeit summieren. Daher ist es wichtig, wachsam zu sein, wohin Ihr Geld fließt.

Banken, Kreditkartenunternehmen und andere Finanzinstitute erheben häufig Gebühren für Dienstleistungen, die mit etwas Aufwand vermieden werden können. Überwachen Sie Ihre Konten regelmäßig, um unnötige Gebühren wie Überziehungsgebühren, Gebühren für verspätete Zahlungen oder Kontoführungsgebühren zu erkennen. Auch der Wechsel zu einer Bank oder einem Dienstleister mit günstigeren Konditionen kann dazu beitragen, diese Kosten zu senken.

Impulskäufe sind eine weitere häufige Quelle finanzieller Verschwendung. Fragen Sie sich vor jedem Kauf, ob er Ihren finanziellen Zielen entspricht und ob er wirklich notwendig ist. Die Einführung einer „Abkühlphase", bevor Sie unwesentliche Einkäufe tätigen, kann dazu beitragen, Impulsausgaben einzudämmen und sicherzustellen, dass Ihr Geld sinnvoll eingesetzt wird.

Intelligente Ausgabegewohnheiten übernehmen

Beim intelligenten Ausgeben geht es darum, den größtmöglichen Nutzen für Ihr Geld zu erzielen. Dabei geht es darum, fundierte Entscheidungen zu treffen, Qualität Vorrang vor Quantität zu geben und sich auf langfristige Vorteile statt auf kurzfristige Befriedigung zu konzentrieren.

Konzentrieren Sie sich zunächst darauf, Ihr Geld für Dinge auszugeben, die langfristigen Wert oder Freude bringen. Beispielsweise kann die Investition in ein hochwertiges Gerät, das jahrelang hält, eine bessere finanzielle Entscheidung sein als der Kauf einer günstigeren, weniger langlebigen Option.

Ebenso können Ausgaben für Erlebnisse wie Reisen oder Bildung für bleibende Erinnerungen und persönliches Wachstum sorgen und sie zu einer lohnenden Investition machen.

Außerdem ist es wichtig, keine Angst davor zu haben, Preise zu verhandeln oder Rabatte zu verlangen, insbesondere bei Artikeln oder Dienstleistungen, die viel kosten. Viele Anbieter sind bereit, die Preise zu senken, wenn sie darum gebeten werden, und durch Verhandlungen können Sie im Laufe der Zeit erhebliche Beträge sparen. Denken Sie außerdem darüber nach, sich umzusehen und die Preise zu vergleichen, bevor Sie einen größeren Kauf tätigen.

Die Aufnahme von Schulden für nicht unbedingt notwendige Anschaffungen ist eine gefährliche finanzielle Angewohnheit, die zu langfristigen Problemen führen kann. Wenn Sie sich etwas mit Bargeld nicht leisten können, ist es oft besser, abzuwarten und zu sparen, als es auf eine

Kreditkarte zu laden. Vermeiden Sie hochverzinsliche Schulden wie Kurzzeitkredite, die schnell außer Kontrolle geraten und Ihre finanzielle Sicherheit gefährden können.

Aufbau finanzieller Widerstandsfähigkeit durch Sparsamkeit

Bei Sparsamkeit geht es nicht nur darum, Kosten zu senken. Es geht darum, einen finanziellen Puffer aufzubauen, der Sie in Krisenzeiten schützen kann. Indem Sie unter Ihren Möglichkeiten leben und mehr sparen, können Sie ein Sicherheitsnetz schaffen, das Ihnen Sicherheit und finanzielle Flexibilität bietet.

Das Geld, das Sie durch Sparsamkeit sparen, sollte für den Aufbau eines Notfallfonds, die Tilgung von Schulden und Investitionen in die Zukunft verwendet werden. Versuchen Sie, mindestens 20 % Ihres Einkommens zu sparen, wenn möglich auch mehr, um Ihren Fortschritt in Richtung finanzielle Unabhängigkeit zu beschleunigen.

Nutzen Sie das durch Kostensenkungen eingesparte Geld, um in Vermögenswerte zu investieren, die im Laufe der Zeit wachsen. Ganz gleich, ob Sie einen Beitrag zur Altersvorsorge leisten, Aktien kaufen oder in Immobilien investieren: Intelligente Investitionen können Ihnen langfristige Sicherheit bieten und Ihnen dabei helfen, Ihre finanziellen Ziele zu erreichen.

Das Leben ist voller unerwarteter Ereignisse, von medizinischen Notfällen bis zum Verlust des Arbeitsplatzes. Wenn Sie sparsam leben und fleißig sparen, sind Sie besser auf die Bewältigung dieser Herausforderungen vorbereitet, ohne dass Ihre Finanzpläne durcheinander geraten. Halten Sie immer einen Plan bereit, wie Sie unerwartete Ausgaben abdecken, sei es durch einen

Notfallfonds, eine Versicherung oder andere Ressourcen.

Sparsamkeit ist mehr als nur eine vorübergehende Strategie, um schwierige Zeiten zu überstehen. Es ist ein langfristiger Ansatz für das finanzielle Wohlergehen. Indem Sie wohlüberlegte, bewusste Ausgabenentscheidungen treffen, können Sie ein Leben in finanzieller Sicherheit, weniger Stress und größerer Freiheit schaffen.

Kapitel 8

Schuldenmanagement und Finanzdisziplin

Schulden sind zwar ein gängiges Finanzinstrument, können aber bei Wirtschaftsabschwüngen oder persönlichen Finanzkrisen eine erhebliche Belastung darstellen. Ein effektives Schuldenmanagement und die Aufrechterhaltung der Finanzdisziplin sind entscheidende Bestandteile der finanziellen Vorbereitung. In diesem Kapitel werden Strategien zur effizienten Tilgung von Schulden, zur Vermeidung hochverzinslicher Schuldenfallen und zur Entwicklung der Disziplin untersucht, die zur Aufrechterhaltung der finanziellen Sicherheit erforderlich ist. Wenn Sie diese Fähigkeiten beherrschen, können Sie sich vor den Risiken einer übermäßigen Verschuldung schützen und eine stabilere finanzielle Zukunft aufbauen.

Den Einfluss von Schulden auf die finanzielle Sicherheit verstehen

Schulden sind ein zweischneidiges Schwert. Es kann ein nützliches Instrument sein, um Ziele zu erreichen, etwa den Kauf eines Eigenheims oder die Finanzierung einer Ausbildung, aber es kann auch zu einer schweren Belastung werden, wenn es nicht sorgfältig verwaltet wird. Das Verständnis der Auswirkungen von Schulden auf Ihre finanzielle Sicherheit ist der erste Schritt zu einem effektiven Schuldenmanagement.

Aufgrund von Zinsen, Gebühren und möglichen Strafen kosten Schulden oft mehr als den ursprünglich geliehenen Betrag. Je länger die Rückzahlung Ihrer Schulden dauert, desto teurer wird es. Hochverzinsliche Schulden wie etwa Kreditkartenguthaben können schnell außer Kontrolle geraten und zu einem Kreislauf von

Mindestzahlungen führen, die den Kapitalsaldo kaum beeinträchtigen.

Während eines wirtschaftlichen Abschwungs kann das Einkommen unsicher werden, was es schwierig macht, bestehende Schulden zu verwalten. Der Verlust Ihres Arbeitsplatzes, verkürzte Arbeitszeiten oder sinkende Geschäftseinnahmen können sich auf Ihre Fähigkeit auswirken, Ihren Schuldenverpflichtungen nachzukommen. Daher ist es von entscheidender Bedeutung, im Rahmen Ihres Finanzvorsorgeplans hochverzinsliche und nicht unbedingt notwendige Schulden zu minimieren.

Über die finanziellen Kosten hinaus können Schulden auch erhebliche psychologische Auswirkungen haben, darunter Stress, Angst und das Gefühl, gefangen zu sein. Diese emotionalen Belastungen können Ihr allgemeines Wohlbefinden und Ihre Fähigkeit, fundierte finanzielle Entscheidungen zu treffen, beeinträchtigen. Durch eine effektive Schuldenreduzierung und

-verwaltung können Sie diesen Stress lindern und die Kontrolle über Ihr Finanzleben zurückgewinnen.

Strategien zur effizienten Schuldentilgung

Eine effiziente Schuldentilgung ist entscheidend, um Ressourcen freizusetzen, die für Ersparnisse und Investitionen genutzt werden können. Mehrere Strategien können Ihnen dabei helfen, Schulden schneller und mit weniger finanzieller Belastung abzubauen.

1. Die Schneeballmethode
Bei diesem Ansatz müssen Sie zunächst Ihre kleinsten Schulden abbezahlen, während Sie bei größeren Schulden Mindestzahlungen leisten. Wenn jede kleine Schuld getilgt ist, wenden Sie den Betrag, den Sie für diese Schuld bezahlt haben, auf die nächstkleinere Schuld an, wodurch ein „Schneeballeffekt" entsteht. Der psychologische Auftrieb durch den Abbau kleinerer Schulden kann

Sie motivieren, weiterzumachen, was zu einem schnelleren Gesamtschuldenabbau führt.

2. Die Lawinenmethode

Die Lawinenmethode konzentriert sich darauf, die Schulden mit den höchsten Zinssätzen zuerst abzubezahlen, unabhängig von der Höhe des Saldos. Indem Sie auf hochverzinsliche Schulden abzielen, reduzieren Sie die Gesamtkosten der Kreditaufnahme und sparen im Laufe der Zeit Geld bei den Zinsen. Auch wenn es bei dieser Methode im Vergleich zur Schneeballmethode länger dauern kann, bis Ergebnisse sichtbar sind, ist sie auf lange Sicht doch kostengünstiger.

3. Schuldenkonsolidierung

Wenn Sie mehrere hochverzinsliche Schulden haben, kann die Zusammenlegung dieser Schulden in einem einzigen Darlehen mit einem niedrigeren Zinssatz die Rückzahlung vereinfachen und die insgesamt gezahlten Zinsen reduzieren. Um dies zu erreichen, sind Schuldenkonsolidierungsdarlehen,

Guthabentransfer-Kreditkarten oder Eigenheimdarlehen gängige Methoden. Bei der Konsolidierung ist jedoch Vorsicht geboten, da sich die Rückzahlungsfrist verlängern und möglicherweise der gezahlte Gesamtbetrag erhöhen kann, wenn sie nicht sorgfältig verwaltet wird.

4. Refinanzierungsmöglichkeiten

Bei größeren Krediten wie Hypotheken oder Studienkrediten kann eine Refinanzierung zu einem niedrigeren Zinssatz Ihre monatlichen Zahlungen und die Gesamtkosten des Kredits deutlich reduzieren. Eine Refinanzierung kann in Zeiten niedriger Zinsen besonders vorteilhaft sein, es ist jedoch wichtig, die Kosten der Refinanzierung, wie z. B. Gebühren und Abschlusskosten, gegen die potenziellen Einsparungen abzuwägen.

Vermeidung hochverzinslicher Schuldenfallen

Hochverzinsliche Schulden wie Kreditkarten, Kurzzeitkredite und bestimmte Arten von Privatkrediten können schnell unkontrollierbar werden, wenn sie nicht sorgfältig gehandhabt werden. Die Vermeidung dieser Schuldenfallen ist für die Wahrung der Finanzstabilität von entscheidender Bedeutung.

1. Kreditkartenschulden

Kreditkartenschulden sind eine der häufigsten Formen hochverzinslicher Schulden. Die Bequemlichkeit von Kreditkarten führt häufig zu Mehrausgaben, und das monatliche Guthaben führt zu erheblichen Zinsbelastungen. Um nicht in diese Falle zu tappen, versuchen Sie, Ihr Kreditkartenguthaben jeden Monat vollständig abzubezahlen. Wenn Sie bereits über ein Guthaben verfügen, legen Sie Wert darauf, es so schnell wie möglich abzubezahlen.

2. Zahltagdarlehen

Zahltagdarlehen sind kurzfristige, hochverzinsliche Darlehen, die als schnelle Lösung für finanzielle Notfälle vermarktet werden. Allerdings können die hohen Gebühren und Zinssätze, die mit Kurzzeitkrediten verbunden sind, Kreditnehmer in einen Schuldenkreislauf verwickeln, in dem jeder Kredit in einen neuen umgewandelt werden muss, was zusätzliche Kosten verursacht. Es ist am besten, Kurzzeitkredite gänzlich zu meiden und nach alternativen Quellen für die Notfinanzierung zu suchen, beispielsweise einem Notfallsparkonto oder einem Privatkredit mit einem niedrigeren Zinssatz.

3. Auto- und Privatkredite

Während Autokredite und Privatkredite für bestimmte Zwecke nützlich sein können, ist es wichtig, zu vermeiden, dass Sie mehr Kredite aufnehmen, als Sie sich zur Rückzahlung leisten können. Hochverzinsliche Autokredite oder Privatkredite mit ungünstigen Konditionen können zu finanziellen Belastungen führen, insbesondere wenn Ihr Einkommen sinkt oder unerwartete Ausgaben anfallen. Überlegen Sie sich vor der Aufnahme eines Kredits genau, ob der Kauf notwendig ist und ob Sie die monatlichen Raten realistischerweise leisten können.

Finanzdisziplin kultivieren

Finanzielle Disziplin ist der Schlüssel zum effektiven Schuldenmanagement und zur Vermeidung zukünftiger finanzieller Probleme. Dabei geht es darum, konsequente, bewusste Entscheidungen zu treffen, bei denen langfristige finanzielle Sicherheit Vorrang vor kurzfristiger Befriedigung hat.

- **Ein Budget erstellen und einhalten**

Ein Budget ist Ihr finanzieller Fahrplan und hilft Ihnen dabei, Ihr Einkommen für wesentliche Ausgaben, Schuldentilgung und Ersparnisse aufzuteilen. Die Einhaltung eines Budgets erfordert

Disziplin, da es bedeutet, kurzfristig Opfer zu bringen, um Ihre langfristigen Ziele zu erreichen. Überprüfen Sie Ihr Budget regelmäßig, um sicherzustellen, dass es Ihre aktuelle finanzielle Situation widerspiegelt, und passen Sie es bei Bedarf an.

- **Aufgeschobene Befriedigung üben**

Unter verzögerter Befriedigung versteht man die Fähigkeit, der Versuchung sofortiger Belohnungen zugunsten langfristiger Vorteile zu widerstehen. Diese Fähigkeit ist entscheidend, um Impulskäufe und unnötige Schulden zu vermeiden. Bevor Sie einen größeren Kauf tätigen, sollten Sie sich die Zeit nehmen, darüber nachzudenken, ob dieser mit Ihren finanziellen Zielen übereinstimmt und ob Sie ihn sich leisten können, ohne Schulden aufzunehmen.

- **Aufbau eines finanziellen Sicherheitsnetzes**

Ein solides finanzielles Sicherheitsnetz, einschließlich eines Notfallfonds und einer

Versicherung, kann Sie davon abhalten, in Krisenzeiten auf Schulden zurückzugreifen. Versuchen Sie, die Lebenshaltungskosten für mindestens drei bis sechs Monate auf einem leicht zugänglichen Konto zu speichern und stellen Sie sicher, dass Sie über einen ausreichenden Versicherungsschutz für Gesundheit, Invalidität und andere potenzielle Risiken verfügen.

- **Klare finanzielle Ziele setzen**

Klare, erreichbare finanzielle Ziele geben Ihnen ein Gefühl für die Richtung und das Ziel und erleichtern es Ihnen, diszipliniert zu bleiben. Ganz gleich, ob es Ihr Ziel ist, alle Schulden abzubezahlen, für eine Anzahlung für ein Haus zu sparen oder einen Rentenfonds aufzubauen: Wenn Sie Ihre Ziele im Auge behalten, können Sie die richtigen Entscheidungen treffen und unnötige Schulden vermeiden.

Aufbau einer schuldenfreien Zukunft

Um eine schuldenfreie Zukunft zu erreichen, ist eine Kombination aus strategischer Schuldentilgung, finanzieller Disziplin und der Verpflichtung, im Rahmen Ihrer Möglichkeiten zu leben, erforderlich. Wenn Sie Ihre Schulden begleichen, setzen Sie nicht nur finanzielle Ressourcen für andere Zwecke frei, sondern gewinnen auch ein Gefühl von Kontrolle und Selbstbestimmung über Ihr Finanzleben.

- **Meilensteine feiern**

Die Tilgung von Schulden ist ein bedeutender Erfolg und es ist wichtig, die Fortschritte auf diesem Weg zu feiern. Erkennen Sie jeden Meilenstein an, sei es die Tilgung einer Kreditkarte, die Reduzierung Ihrer Gesamtschulden um einen bestimmten Prozentsatz oder die völlige Schuldenfreiheit. Das Feiern dieser Erfolge kann Ihr Engagement für Finanzdisziplin stärken und Sie motivieren, weiterhin kluge Finanzentscheidungen zu treffen.

- **Zukünftige Schulden vermeiden**

Sobald Sie Ihre Schulden beglichen haben, ist es wichtig, nicht wieder in alte Gewohnheiten zu verfallen. Lebe weiterhin im Rahmen deiner Möglichkeiten, spare für große Anschaffungen und gehe verantwortungsvoll mit Krediten um. Durch die Aufrechterhaltung der von Ihnen entwickelten Finanzdisziplin können Sie die Anhäufung neuer Schulden verhindern und eine größere finanzielle Freiheit genießen.

- **Investieren Sie in Ihre finanzielle Zukunft**

Wenn Ihre Schulden beglichen sind, können Sie sich auf den Vermögensaufbau und das Erreichen Ihrer finanziellen Ziele konzentrieren. Investieren Sie in Vermögenswerte, die im Laufe der Zeit an Wert gewinnen, wie zum Beispiel Aktien, Anleihen, Immobilien oder Altersvorsorgekonten. Eine schuldenfreie Stiftung bietet Ihnen mehr

Möglichkeiten, Ihr Vermögen zu vermehren und Ihre finanzielle Zukunft zu sichern.

Schuldenmanagement und Finanzdisziplin sind wesentliche Schritte auf dem Weg zur finanziellen Freiheit. Indem Sie die Auswirkungen von Schulden verstehen, effiziente Rückzahlungsstrategien anwenden, Schuldenfallen mit hohen Zinsen vermeiden und Finanzdisziplin praktizieren, können Sie sich vor Finanzkrisen schützen und eine stabile, sichere Zukunft aufbauen.

Das Finanzhandbuch des Preppers

TEIL 4:
FÜR DIE ZUKUNFT PLANEN

Das Finanzhandbuch des Preppers

Kapitel 9

Sichern Sie Ihren Ruhestand

Der Ruhestand ist ein kritischer Lebensabschnitt, der sowohl eine Zeit der Entspannung als auch potenzieller finanzieller Anfälligkeit bedeutet. Um einen komfortablen und sicheren Ruhestand zu gewährleisten, sind sorgfältige Planung und strategische Entscheidungen unerlässlich.

Die Bedeutung einer frühzeitigen und konsequenten Ruhestandsplanung

Die Grundlage für einen sicheren Ruhestand liegt in einer frühzeitigen und konsequenten Planung. Je früher Sie mit dem Sparen und Investieren für den Ruhestand beginnen, desto mehr Zeit hat Ihr Geld, um durch die Kraft des Zinseszinses zu wachsen.

Selbst kleine, regelmäßige Beiträge können sich im Laufe der Zeit erheblich ansammeln und so für ein erhebliches finanzielles Polster im Ruhestand sorgen.

Durch den Zinseszins können Ihre Investitionen im Laufe der Zeit exponentiell wachsen, da Sie nicht nur Zinsen auf Ihr ursprüngliches Kapital, sondern auch auf die bereits hinzugefügten Zinsen erhalten. Je früher Sie mit dem Speichern beginnen, desto stärker wird dieser Effekt. Beispielsweise kann jemand, der mit 20 anfängt zu sparen, eine viel größere Altersvorsorge anhäufen als jemand, der mit 40 anfängt, selbst wenn letzterer jeden Monat mehr einzahlt.

Kontinuität beim Sparen und Investieren ist für den Aufbau eines soliden Altersvorsorgefonds von entscheidender Bedeutung. Durch die Einrichtung automatischer Beiträge zu Altersvorsorgekonten wie 401(k) oder IRA wird sichergestellt, dass Sie unabhängig von Marktbedingungen oder persönlichen Umständen stets Geld für die Zukunft zurücklegen. Dieser disziplinierte Ansatz kann dazu beitragen, die Auswirkungen der Marktvolatilität abzumildern und einen stetigen Wachstumspfad für Ihre Altersvorsorge zu ermöglichen.

Wenn Ihr Einkommen steigt, ist es wichtig, Ihre Rentenbeiträge regelmäßig zu überprüfen und zu erhöhen. Dies beschleunigt nicht nur das Wachstum Ihrer Altersvorsorge, sondern hilft Ihnen auch, sich an die Inflation und steigende Lebenshaltungskosten anzupassen. Eine gängige Strategie besteht darin, Ihren Beitragssatz jedes Mal zu erhöhen, wenn Sie eine Gehaltserhöhung erhalten, um sicherzustellen, dass Ihre Altersvorsorge mit Ihrem Einkommen Schritt hält.

Altersvorsorgekonten, die wirtschaftlichen Herausforderungen standhalten

Die Wahl des richtigen Rentenkontos ist ein entscheidender Bestandteil einer stabilen Altersvorsorge. Verschiedene Konten bieten unterschiedliche Steuervorteile, Anlagemöglichkeiten und Schutzniveaus vor wirtschaftlichen Abschwüngen. Wenn Sie diese Unterschiede verstehen, können Sie Ihre Ruhestandsstrategie optimieren.

401(k)-Pläne

Ein 401(k) ist ein vom Arbeitgeber geförderter Altersvorsorgeplan, der es Ihnen ermöglicht, einen Teil Ihres Einkommens vor Steuern auf ein Altersvorsorgekonto einzuzahlen. Viele Arbeitgeber bieten Matching-Beiträge an, die Ihre Ersparnisse deutlich steigern können. Die Mittel in einem 401(k) wachsen steuerbegünstigt, was bedeutet, dass Sie darauf keine Steuern zahlen, bis Sie das Geld im Ruhestand abheben. Vorzeitige Abhebungen vor Vollendung des 59. Lebensjahrs sind jedoch in der Regel mit Strafen verbunden. Daher ist es wichtig, Ihre Einzahlungen und Abhebungen sorgfältig zu planen.

Individuelle Rentenkonten (IRAs)

IRAs sind persönliche Altersvorsorgekonten, die ähnliche Steuervorteile wie 401(k)-Pläne bieten, aber nicht an einen Arbeitgeber gebunden sind. Mit herkömmlichen IRAs können Sie Dollar vor Steuern einzahlen, die bis zur Auszahlung steuerbegünstigt wachsen. Roth IRAs hingegen werden mit Dollars nach Steuern finanziert, und qualifizierte Abhebungen im Ruhestand sind steuerfrei. Roth IRAs sind besonders vorteilhaft, wenn Sie im Ruhestand voraussichtlich in einer höheren Steuerklasse sein werden, da Sie damit den heutigen Steuersatz festlegen können.

Roth-Konvertierungen

Die Umwandlung einer traditionellen IRA oder 401(k) in eine Roth IRA erfordert die Zahlung von Steuern auf den umgewandelten Betrag im Austausch für steuerfreie Abhebungen im Ruhestand. Diese Strategie kann von Vorteil sein, wenn Sie mit höheren Steuern in der Zukunft rechnen. Es ist jedoch wichtig, die steuerlichen Auswirkungen einer solchen Umstellung sorgfältig abzuwägen, insbesondere wenn Sie in einer hohen Einkommensschicht leben.

Pensionspläne

Renten oder leistungsorientierte Pläne bieten Rentnern eine garantierte Einkommensquelle, die auf ihren Dienstjahren und ihrem Gehaltsverlauf basiert. Auch wenn Renten heutzutage weniger verbreitet sind, bieten sie eine wertvolle Sicherheit im Ruhestand. Wenn Sie Zugang zu einem Rentenplan haben, ist es wichtig, dessen Bedingungen zu verstehen, einschließlich aller potenziellen Leistungen oder Optionen für eine vorzeitige Pensionierung.

Renten

Rentenversicherungen sind Versicherungsprodukte, die im Ruhestand ein garantiertes Einkommen bieten, typischerweise im Austausch gegen eine Einmalzahlung oder eine Reihe von Beiträgen. Sie können einen wertvollen Schutz gegen das Langlebigkeitsrisiko (das Risiko, dass Ihre Ersparnisse überdauern) bieten, sind jedoch oft mit hohen Gebühren und komplexen Konditionen verbunden. Es ist wichtig, die Kosten und Vorteile von Renten sorgfältig abzuwägen, bevor Sie sie in Ihren Altersvorsorgeplan integrieren.

Diversifizierung der Altersvorsorge für langfristige Stabilität

Diversifikation ist eine Schlüsselstrategie zum Schutz Ihrer Altersvorsorge vor wirtschaftlicher Volatilität. Indem Sie Ihre Anlagen auf verschiedene Anlageklassen verteilen, können Sie das Risiko erheblicher Verluste reduzieren und sicherstellen, dass Ihr Portfolio gegenüber Marktschwankungen widerstandsfähig bleibt.

Aktien und Anleihen

Ein ausgewogenes Portfolio aus Aktien (Aktien) und Anleihen ist ein Grundpfeiler der Altersvorsorgeinvestition. Aktien bieten das Potenzial für höhere Renditen, die dazu beitragen können, dass Ihre Ersparnisse im Laufe der Zeit wachsen, während Anleihen für Stabilität und Einkommen sorgen. Die geeignete Mischung aus Aktien und Anleihen hängt von Ihrem Alter, Ihrer Risikotoleranz und Ihrem Ruhestandsplan ab. Wenn

Sie sich dem Ruhestand nähern, ist es im Allgemeinen sinnvoll, schrittweise zu einer konservativeren Allokation mit einem höheren Anteil an Anleihen überzugehen.

Immobilie

Immobilien können sowohl als Einkommensquelle als auch als Absicherung gegen die Inflation im Ruhestand dienen. Der Besitz von Mietobjekten oder die Investition in Real Estate Investment Trusts (REITs) können eine stetige Einnahmequelle darstellen, während der Wert von Immobilien im Laufe der Zeit tendenziell steigt und so dazu beiträgt, Ihre Kaufkraft zu erhalten. Allerdings bergen Immobilieninvestitionen auch Risiken wie Marktschwankungen, Herausforderungen bei der Immobilienverwaltung und Liquiditätsprobleme. Daher ist es wichtig, auch innerhalb dieser Anlageklasse zu diversifizieren.

Edelmetalle und Rohstoffe

Die Aufnahme von Edelmetallen wie Gold und Silber in Ihr Altersvorsorgeportfolio kann eine Absicherung gegen Inflation und Währungsabwertung darstellen. Diese Vermögenswerte entwickeln sich in Zeiten wirtschaftlicher Unsicherheit tendenziell gut und sind daher ein wertvoller Bestandteil eines diversifizierten Altersvorsorgeplans. Da sie jedoch in der Regel keine Erträge erwirtschaften, sollten sie mit anderen Investitionen, die einen Cashflow liefern, abgewogen werden.

Alternative Investitionen

Alternative Anlagen wie Private Equity, Hedgefonds oder Peer-to-Peer-Kredite können höhere Renditen und zusätzliche Diversifizierung bieten, sind jedoch oft mit höheren Risiken und weniger Liquidität verbunden. Diese Anlagen eignen sich im Allgemeinen eher für anspruchsvolle Anleger mit einer höheren Risikotoleranz und sollten nur einen kleinen Teil Ihres gesamten Altersvorsorgeportfolios ausmachen.

Internationale Diversifizierung

Durch Investitionen in internationale Märkte können Sie Wachstumschancen außerhalb Ihres Heimatlandes nutzen und die Auswirkungen lokaler Wirtschaftsabschwünge auf Ihr Portfolio verringern. Allerdings bringen internationale Investitionen auch Währungsrisiken und geopolitische Überlegungen mit sich, daher ist es wichtig, sie mit Vorsicht anzugehen und bei Bedarf professionellen Rat einzuholen.

Schutz der Altersvorsorge vor Wirtschaftsabschwüngen

Konjunkturelle Abschwünge können eine erhebliche Bedrohung für Ihre Altersvorsorge darstellen, insbesondere wenn sie kurz vor oder während des Ruhestands eintreten. Um einen sicheren Ruhestand zu gewährleisten, ist die Umsetzung von Strategien zum Schutz Ihrer Ersparnisse vor Marktschwankungen von entscheidender Bedeutung.

- **Die Rolle defensiver Investitionen**

Defensive Anlagen wie Anleihen, Dividendenaktien und bestimmte Arten von Immobilien können dazu beitragen, Ihr Portfolio bei Marktabschwüngen zu schützen. Diese Vermögenswerte reagieren tendenziell weniger anfällig auf Konjunkturzyklen und bieten ein stabiles Einkommen, was sie für den Kapitalerhalt in turbulenten Zeiten wertvoll macht.

- **Anpassen der Asset-Allokation**

Wenn Sie sich dem Ruhestand nähern, ist es wichtig, Ihre Vermögensallokation anzupassen, um das Risiko zu reduzieren. Dies beinhaltet typischerweise den Wechsel von einem wachstumsorientierten Portfolio mit einem höheren

Anteil an Aktien zu einem konservativeren Mix, der einen größeren Anteil an Anleihen und Barmitteln umfasst. Dieser Ansatz trägt dazu bei, Ihre Ersparnisse in den Jahren vor dem Ruhestand vor erheblichen Verlusten zu schützen.

- **Liquidität aufrechterhalten**

Wenn Sie einen Teil Ihres Altersvorsorgeguthabens in liquiden Mitteln wie Bargeld oder Geldmarktfonds haben, können Sie in wirtschaftlichen Abschwüngen flexibel und beruhigt sein. Auf diese Vermögenswerte kann leicht zugegriffen werden, ohne dass Investitionen mit Verlust verkauft werden müssen. So können Sie Ihren Lebensunterhalt decken oder Marktchancen nutzen.

- **Mittelung der Dollarkosten**

Bei der Dollar-Cost-Averaging-Methode investieren Sie unabhängig von den Marktbedingungen stets einen festen Geldbetrag in Ihre Altersvorsorgekonten. Diese Strategie trägt dazu bei, die Auswirkungen der Marktvolatilität auszugleichen, indem bei niedrigen Preisen mehr Aktien und bei hohen Preisen weniger Aktien gekauft werden. Im Laufe der Zeit kann die Mittelung der Dollarkosten die durchschnittlichen Kosten pro Aktie senken und das Risiko mindern, aufgrund kurzfristiger Marktbewegungen schlechte Anlageentscheidungen zu treffen.

Planung der Gesundheitskosten im Ruhestand

Gesundheitskosten stellen für Rentner ein erhebliches Problem dar, und wenn Sie diese nicht einplanen, kann dies Ihre finanzielle Sicherheit gefährden. Das Verständnis Ihrer Möglichkeiten und die Vorbereitung auf diese Ausgaben ist ein entscheidender Bestandteil der Ruhestandsplanung.

1. **Medicare und Zusatzversicherung**

Medicare bietet Rentnern eine grundlegende Krankenversicherung, deckt jedoch nicht alle Kosten ab. Eine Zusatzversicherung, bekannt als Medigap, kann dabei helfen, Lücken im Medicare-Schutz zu schließen, wie z. B. Zuzahlungen, Selbstbehalte und bestimmte Selbstbeteiligungen. Es ist wichtig, verschiedene Medigap-Pläne zu recherchieren und zu vergleichen, um eines zu finden, das Ihren Bedürfnissen und Ihrem Budget entspricht.

2. Pflegeversicherung

Die Pflegeversicherung deckt die Kosten für die Pflege bei chronischen Krankheiten, Behinderungen oder anderen Langzeiterkrankungen ab. Diese Art der Versicherung kann dazu beitragen, dass Ihre Altersvorsorge nicht durch die hohen Kosten für Langzeitpflegedienste wie Pflegeheimpflege, häusliche Krankenpflege oder betreutes Wohnen aufgebraucht wird. Am besten schließen Sie eine Pflegeversicherung frühzeitig ab, bevor Sie sie benötigen, da die Prämien mit zunehmendem Alter und Gesundheitsproblemen steigen.

3. Gesundheitssparkonten (HSAs)

Wenn Sie Zugang zu einem Krankenversicherungsplan mit hohem Selbstbehalt haben, sind Sie möglicherweise berechtigt, Beiträge zu einem Gesundheitssparkonto (HSA) zu leisten. HSAs bieten dreifache Steuervorteile: Beiträge sind steuerlich absetzbar, Einnahmen wachsen steuerfrei und Abhebungen für qualifizierte medizinische Ausgaben sind ebenfalls steuerfrei. Im Gegensatz zu Flexible Spending Accounts (FSAs) gibt es bei HSAs keine „Verwenden Sie es oder verlieren Sie es"-Regel, was bedeutet, dass Sie Ihr Guthaben von Jahr zu Jahr übertragen und es zur Deckung der Gesundheitskosten im Ruhestand verwenden können.

4. Budgetierung für Auslagen

Selbst mit einer Versicherung müssen Rentner damit rechnen, einen Teil der Gesundheitskosten aus eigener Tasche zu tragen. Es ist wichtig, diese Ausgaben in Ihr Ruhestandsbudget einzubeziehen und mögliche Erhöhungen der Gesundheitskosten zu berücksichtigen.

Kapitel 10

Nachlassplanung und Nachlassaufbau

Die Nachlassplanung ist ein entscheidender Bestandteil der finanziellen Vorbereitung und stellt sicher, dass Ihr Vermögen erhalten bleibt und Ihren Wünschen entsprechend übertragen wird. Eine ordnungsgemäße Nachlassplanung schützt nicht nur Ihre Lieben, sondern trägt auch dazu bei, Steuern und rechtliche Komplikationen zu minimieren.

Die Grundlagen der Nachlassplanung

Bei der Nachlassplanung geht es um mehr als nur die Erstellung eines Testaments – es geht darum, sicherzustellen, dass Ihr Vermögen geschützt und auf eine Weise verteilt wird, die Ihren Werten und Absichten entspricht. Ein gut strukturierter Nachlassplan berücksichtigt verschiedene Elemente, darunter Vermögensschutz, Steuerminimierung und Pflegebestimmungen für Angehörige.

Testamente

Ein Testament ist der Grundstein jeder Nachlassplanung. Es legt fest, wie Ihr Vermögen nach Ihrem Tod verteilt wird, und ernennt einen Testamentsvollstrecker, der Ihre Wünsche ausführt. Ohne ein Testament kann Ihr Nachlass Erbschaftsgesetzen unterliegen, was zu Ergebnissen führen könnte, die nicht Ihren Absichten entsprechen. Zu den wichtigsten Überlegungen bei der Erstellung eines Testaments gehören die Auswahl der Begünstigten, die Entscheidung über die Vermögensverteilung und die Ernennung eines Vormunds für minderjährige Kinder.

Vertrauen

Trusts bieten eine flexiblere und privatere Möglichkeit, Vermögenswerte zu verwalten und zu verteilen. Im Gegensatz zu Testamenten unterliegen Trusts keiner Nachlassprüfung, was eine schnellere Vermögensverteilung und mehr Privatsphäre ermöglicht. Es gibt verschiedene Arten von Trusts, die jeweils unterschiedlichen Zwecken dienen:

1. Widerrufbare Living Trusts
Diese ermöglichen es Ihnen, zu Lebzeiten die Kontrolle über Ihr Vermögen zu behalten und festzulegen, wie es nach Ihrem Tod verwaltet und verteilt werden soll.

2. Unwiderrufliche Trusts
Einmal eingerichtet, können diese Trusts nicht mehr geändert oder widerrufen werden und bieten Vorteile wie Steuerermäßigungen und Gläubigerschutz.

3. Testamentary Trusts

Diese Treuhandfonds werden durch ein Testament errichtet und treten erst nach Ihrem Tod in Kraft. Sie werden häufig zur Verwaltung des Erbes minderjähriger Kinder oder anderer Angehöriger eingesetzt.

Vollmacht

Eine Vollmacht (POA) erteilt einer Person Ihres Vertrauens die Vollmacht, Ihre finanziellen Angelegenheiten zu regeln, wenn Sie geschäftsunfähig werden. Dies kann das Bezahlen von Rechnungen, die Verwaltung von Investitionen und das Treffen rechtlicher Entscheidungen in Ihrem Namen umfassen. Es gibt verschiedene Arten von POA, einschließlich allgemeiner, dauerhafter und begrenzter POA, die jeweils spezifische Bedürfnisse erfüllen.

Gesundheitsrichtlinien

In diesen Dokumenten, auch Patientenverfügungen oder Patientenverfügungen genannt, werden Ihre Wünsche bezüglich einer medizinischen Behandlung dargelegt, falls Sie diese nicht selbst mitteilen können. Dazu können Entscheidungen über lebenserhaltende Behandlungen, Organspenden und Schmerzbehandlung gehören. Durch die Ernennung eines Vorsorgevollmachtgebers stellen Sie sicher, dass jemand, dem Sie vertrauen, medizinische Entscheidungen trifft, die Ihren Präferenzen entsprechen.

Minimierung der Erbschaftssteuern

Erbschaftssteuern können das an Ihre Erben vererbte Vermögen erheblich verringern. Eine ordnungsgemäße Planung kann dazu beitragen, diese Steuern zu minimieren und sicherzustellen, dass ein größerer Teil Ihres Vermögens die vorgesehenen Begünstigten erreicht.

Die Erbschaftssteuer wird auf den Wert Ihres Nachlasses zum Zeitpunkt Ihres Todes erhoben. Die Bundesregierung erhebt eine Erbschaftssteuer auf Nachlässe, die einen bestimmten Schwellenwert überschreiten, der sich regelmäßig ändert. Einige Staaten haben auch eigene Erbschafts- oder Erbschaftssteuern. Für eine effektive Nachlassplanung ist es wichtig, die Steuergesetze in Ihrem Land zu verstehen.

Eine Möglichkeit, den Umfang Ihres steuerpflichtigen Vermögens zu verringern, ist die Schenkung. Mit dem IRS können Sie jedes Jahr einen bestimmten Betrag an so viele Personen spenden, wie Sie möchten, ohne dass Schenkungssteuer anfällt. Durch die systematische Schenkung von Vermögenswerten zu Lebzeiten können Sie den Wert Ihres Nachlasses senken und gleichzeitig Ihre Lieben finanziell unterstützen.

Eine Spende für wohltätige Zwecke kann auch Ihre Erbschaftssteuerbelastung verringern. Gemeinnützige Spenden sind in der Regel von Ihrem steuerpflichtigen Vermögen abzugsfähig und ermöglichen es Ihnen, Anliegen zu unterstützen, die Ihnen am Herzen liegen. Die Gründung einer gemeinnützigen Stiftung oder Stiftung kann die von Ihnen gewählten Anliegen kontinuierlich unterstützen und ein bleibendes Erbe hinterlassen.

Die Generation-Skipping-Transfersteuer (GST) gilt für Übertragungen an Begünstigte, die zwei oder mehr Generationen jünger sind als Sie, wie zum Beispiel Enkelkinder. Die ordnungsgemäße Strukturierung dieser Transfers durch den Einsatz von Trusts oder anderen Instrumenten kann dazu beitragen, GST-Steuern zu minimieren oder zu vermeiden.

Trusts können auch ein wirksames Instrument zur Minimierung der Erbschaftssteuern sein.

Beispielsweise ermöglicht ein Bypass-Trust einem Ehegatten, seine Erbschaftssteuerbefreiung zu nutzen und so den steuerpflichtigen Nachlass zu reduzieren. Ein unwiderruflicher Lebensversicherungs-Trust (ILIT) kann Lebensversicherungserlöse aus Ihrem steuerpflichtigen Nachlass entfernen und Ihren Erben steuerfreies Einkommen verschaffen.

Vermögen über Generationen hinweg bewahren

Beim Aufbau eines Vermächtnisses geht es nicht nur darum, Vermögen zu bewahren, sondern auch finanzielle Werte und Weisheit an künftige Generationen weiterzugeben. Wenn Sie Ihre Erben informieren und sie in den Nachlassplanungsprozess einbeziehen, können Sie dafür sorgen, dass Ihr Erbe Bestand hat.

Regelmäßige Familientreffen bieten die Möglichkeit, Ihren Nachlassplan zu besprechen, Ihre Absichten zu erläutern und eventuelle

Bedenken Ihrer Erben anzusprechen. Eine offene Kommunikation kann Missverständnisse und Konflikte nach Ihrem Tod verhindern. Diese Treffen ermöglichen es Ihnen auch, Ihre Finanzphilosophien und Werte mit Ihren Erben zu teilen und ihnen zu helfen, die Bedeutung einer verantwortungsvollen Vermögensverwaltung zu verstehen.

Darüber hinaus ist es für den Vermögenserhalt über Generationen hinweg von entscheidender Bedeutung, sicherzustellen, dass Ihre Erben finanziell kompetent sind. Erwägen Sie, ihnen finanzielle Bildung zu vermitteln, entweder durch formelle Kurse oder indem Sie sie in die Verwaltung des Familienvermögens einbeziehen. Wenn Sie ihnen etwas über Budgetierung, Investitionen und Philanthropie beibringen, können Sie sie darauf vorbereiten, ihr Erbe mit Bedacht zu verwalten.

Mit Incentive Trusts können Sie außerdem bestimmte Verhaltensweisen oder Leistungen Ihrer

Erben fördern, indem Sie die Ausschüttungen an bestimmte Bedingungen knüpfen. Sie können beispielsweise festlegen, dass Begünstigte einen Hochschulabschluss abschließen, eine Beschäftigung behalten oder Drogenmissbrauch vermeiden müssen, um ihre Erbschaft zu erhalten. Während diese Trusts positives Verhalten fördern können, ist es wichtig, Anreize mit Flexibilität in Einklang zu bringen, um übermäßigen Druck oder Unmut zu vermeiden.

Zusätzlich zu den juristischen Dokumenten möchten Sie möglicherweise einen Nachlassbrief oder ein Testament hinterlassen. Diese Dokumente bringen Ihre Werte, Überzeugungen und Lebenslektionen zum Ausdruck und vermitteln Ihren Erben ein Gefühl für Ihr persönliches Erbe, das über die finanziellen Vermögenswerte hinausgeht. Hinterlassenschaftsbriefe können eine wirkungsvolle Möglichkeit sein, Ihre Hoffnungen und Wünsche für die Zukunft Ihrer Familie mitzuteilen.

Integrieren Sie Philanthropie in Ihren Nachlassplan

Philanthropie kann ein integraler Bestandteil Ihres Vermächtnisses sein und es Ihnen ermöglichen, Anliegen zu unterstützen, die Ihnen am Herzen liegen, und eine nachhaltige Wirkung zu erzielen. Es gibt verschiedene Möglichkeiten, Spenden für wohltätige Zwecke in Ihren Nachlassplan einzubeziehen.

- **Charitable Remainder Trusts (CRTs)**

Mit einem CRT erhalten Sie zu Lebzeiten Einkünfte aus Ihrem Vermögen, der Rest geht nach Ihrem Tod an eine bestimmte Wohltätigkeitsorganisation. Diese Vereinbarung bietet Ihnen Steuervorteile und unterstützt gleichzeitig ein Anliegen, das Ihnen am Herzen liegt.

- **Von Spendern empfohlene Fonds (DAFs)**

DAFs sind Wohltätigkeitskonten, die es Ihnen ermöglichen, im Laufe der Zeit Spenden zu leisten und Zuschüsse für Wohltätigkeitsorganisationen zu empfehlen. Sie bieten Flexibilität bei Ihren Spenden für wohltätige Zwecke und können eine steuereffiziente Möglichkeit sein, Ihre Wohltätigkeitsorganisation zu verwalten.

- **Private Stiftungen**

Durch die Gründung einer privaten Stiftung haben Sie eine bessere Kontrolle über Ihre Spenden und können Ihre Familie in philanthropische Bemühungen einbeziehen. Während Stiftungen mit Verwaltungsaufgaben verbunden sind, bieten sie die Möglichkeit, eine nachhaltige Wirkung in Ihrer Gemeinschaft oder Ihrem Interessengebiet zu erzielen.

- **Wohltätige Nachlässe**

Eine einfache Möglichkeit, Philanthropie in Ihren Nachlassplan einzubeziehen, besteht darin, in Ihrem Testament wohltätige Vermächtnisse zu hinterlassen. Sie können bestimmte Vermögenswerte oder einen Prozentsatz Ihres Nachlasses einer Wohltätigkeitsorganisation Ihrer Wahl zukommen lassen und so sicherstellen, dass Ihr Vermächtnis Ihre Werte widerspiegelt.

Überprüfung und Aktualisierung Ihres Nachlassplans

Ein Nachlassplan ist kein einmaliges Projekt – er erfordert regelmäßige Überprüfung und Aktualisierungen, um sicherzustellen, dass er weiterhin Ihren Bedürfnissen entspricht und Ihre Wünsche widerspiegelt.

Bedeutende Lebensereignisse wie Heirat, Scheidung, die Geburt eines Kindes oder der Tod eines Anspruchsberechtigten sollten eine Überprüfung Ihres Nachlassplans veranlassen. Auch Änderungen Ihrer finanziellen Situation, etwa der Erhalt einer Erbschaft oder der Verkauf eines

Unternehmens, können Aktualisierungen erforderlich machen.

Darüber hinaus können sich Erbschaftssteuergesetze und andere Vorschriften im Laufe der Zeit ändern, was sich auf die Wirksamkeit Ihres Nachlassplans auswirkt. Die regelmäßige Konsultation eines Anwalts für Nachlassplanung kann Ihnen dabei helfen, über diese Änderungen auf dem Laufenden zu bleiben und notwendige Anpassungen vorzunehmen.

Ihr Nachlassplan sollte eine gemeinsame Anstrengung von Anwälten, Finanzberatern und Steuerexperten sein. Regelmäßige Kommunikation mit Ihrem Nachlassplanungsteam stellt sicher, dass alle Aspekte Ihres Plans aufeinander abgestimmt und auf dem neuesten Stand sind.

Kapitel 11

Marktabstürze und Wirtschaftsabschwünge

Marktcrashs und wirtschaftliche Abschwünge sind in der Finanzwelt unvermeidlich. Diese Ereignisse können verheerende Auswirkungen auf das persönliche Vermögen, die Investitionen und die allgemeine finanzielle Sicherheit haben. Mit der richtigen Vorbereitung und strategischen Reaktionen ist es jedoch möglich, den Schaden zu begrenzen und in diesen herausfordernden Zeiten sogar Chancen zu finden. Dieses Kapitel bietet einen umfassenden Leitfaden zum Verstehen, Vorbereiten und Reagieren auf Marktcrashs und Wirtschaftsabschwünge.

Marktabstürze und Wirtschaftsabschwünge verstehen

Marktcrashs sind plötzliche, starke Rückgänge der Aktienkurse, die häufig zu weit verbreiteter Panik und erheblichen Verlusten für Anleger führen. Konjunkturabschwünge hingegen sind längere Phasen des wirtschaftlichen Niedergangs, die durch geringere Konsumausgaben, steigende Arbeitslosigkeit und eine Verlangsamung der Wirtschaftstätigkeit gekennzeichnet sind.

Das Verständnis vergangener Marktcrashs und wirtschaftlicher Abschwünge kann wertvolle Erkenntnisse über aktuelle und zukünftige Finanzkrisen liefern. Wichtige Ereignisse wie die Weltwirtschaftskrise von 1929, das Platzen der Dotcom-Blase im Jahr 2000 und die globale Finanzkrise von 2008 verdeutlichen die Ursachen, Auswirkungen und Wiederherstellungsstrategien, die in ähnlichen Situationen angewendet werden können.

Mehrere Faktoren können einen Marktcrash auslösen, darunter wirtschaftliche Ungleichgewichte, Spekulationsblasen, geopolitische Spannungen und abrupte Änderungen in der Geldpolitik. Das frühzeitige Erkennen dieser Auslöser kann dabei helfen, vorbeugende Maßnahmen zu ergreifen.

Die Überwachung von Wirtschaftsindikatoren wie BIP-Wachstum, Arbeitslosenquote, Verbrauchervertrauen und Inflation kann Frühwarnungen vor einem bevorstehenden Wirtschaftsabschwung geben. Wenn Sie diese Indikatoren verstehen, können Sie fundierte Entscheidungen treffen und Ihre Finanzstrategien entsprechend anpassen.

Vorbereitung auf Marktcrashs

Vorbereitung ist der Schlüssel zum Überleben eines Marktcrashs. Indem Sie vor einem Abschwung proaktive Maßnahmen ergreifen, können Sie Ihr Vermögen schützen und potenzielle Verluste reduzieren.

- **Diversifizierung**

Ein gut diversifiziertes Portfolio ist eine der effektivsten Möglichkeiten, Ihre Investitionen während eines Marktcrashs zu schützen. Verteilen Sie Ihre Anlagen auf verschiedene Anlageklassen – wie Aktien, Anleihen, Immobilien und Edelmetalle –, um Ihr Risiko bei Abschwüngen einzelner Märkte zu verringern.

- **Liquiditätsmanagement**

Stellen Sie sicher, dass Sie über ausreichend Liquidität verfügen, um Ihre Ausgaben während eines Marktcrashs zu decken. Dazu gehört auch die Aufrechterhaltung einer Barreserve, die Sie über mehrere Monate hinweg finanzieren kann, sodass Sie vermeiden können, Vermögenswerte mit Verlust zu verkaufen.

- **Schuldenmanagement**

Eine hohe Verschuldung kann die Auswirkungen eines Marktcrashs verstärken. Die Tilgung von Schulden, insbesondere hochverzinslichen Schulden, sollte bei Ihrer Finanzplanung Priorität haben. Dies reduziert nicht nur Ihre finanziellen Verpflichtungen, sondern setzt auch Cashflow frei, um in Chancen zu investieren, die sich während eines Abschwungs ergeben können.

- **Risikomanagement**

Bewerten Sie Ihre Risikotoleranz und passen Sie Ihr Portfolio so an, dass es Ihr Wohlbefinden mit der Marktvolatilität widerspiegelt. Dies könnte bedeuten, dass Sie einen Teil Ihrer Investitionen in sicherere, weniger volatile Vermögenswerte wie Anleihen oder Dividendenaktien umschichten, die sich in Abschwüngen tendenziell besser entwickeln.

- **Versicherung**

Überprüfen Sie Ihren Versicherungsschutz, um sicherzustellen, dass er Sie ausreichend vor möglichen finanziellen Verlusten schützt. Dazu gehören Kranken-, Lebens-, Invaliditäts- und Sachversicherungen, die verhindern können, dass ein Marktcrash zu einem persönlichen finanziellen Desaster wird.

Reaktion auf einen Marktcrash

Wenn es zu einem Marktcrash kommt, ist es wichtig, Ruhe zu bewahren und impulsive Entscheidungen zu vermeiden. Die folgenden Strategien können Ihnen helfen, die Krise effektiv zu meistern.

1. Bleiben Sie auf Kurs

Panikverkäufe während eines Marktcrashs führen häufig dazu, dass Verluste festgeschrieben werden, die im Laufe der Zeit hätten ausgeglichen werden können. Es ist wichtig, den Kurs beizubehalten und an Ihrer langfristigen Anlagestrategie festzuhalten. Markterholungen sind zwar zeitlich unvorhersehbar, folgen jedoch in der Vergangenheit auf Abstürze und belohnen diejenigen, die weiterhin investiert sind.

2. Bringen Sie Ihr Portfolio ins Gleichgewicht

Ein Marktcrash kann das Gleichgewicht Ihres Portfolios erheblich verändern. Eine regelmäßige Neuausrichtung Ihres Portfolios durch den Verkauf von Vermögenswerten mit überdurchschnittlicher Performance und den Kauf von Vermögenswerten mit schlechterer Performance kann dazu beitragen, die gewünschte Vermögensallokation aufrechtzuerhalten und Sie für zukünftiges Wachstum zu positionieren.

3. Suchen Sie nach Kaufgelegenheiten

Marktcrashs sind zwar schmerzhaft, bieten aber auch Kaufgelegenheiten. Hochwertige Vermögenswerte werden während eines Crashs häufig unterbewertet, sodass kluge Anleger sie mit einem Abschlag kaufen können. Es ist jedoch wichtig, jede Gelegenheit sorgfältig zu prüfen und den Kauf von Unternehmen oder Sektoren zu vermeiden, die sich möglicherweise nicht erholen.

4. Reduzieren Sie unnötige Ausgaben

Während eines wirtschaftlichen Abschwungs ist es ratsam, unnötige Ausgaben zu kürzen und einen sparsameren Lebensstil zu führen. Dies hilft nicht nur, Ihre Barreserven zu schonen, sondern verringert auch die finanzielle Belastung, wenn Ihr Einkommen beeinträchtigt wird.

5. Suchen Sie professionellen Rat

Wenn Sie sich nicht sicher sind, wie Sie auf einen Marktcrash reagieren sollen, kann die Beratung durch einen Finanzberater Klarheit und Orientierung bieten. Ein Fachmann kann Ihnen dabei helfen, Ihre Optionen zu bewerten, Ihr Portfolio neu auszurichten und fundierte Entscheidungen zu treffen, die Ihren finanziellen Zielen entsprechen.

Wiederaufbau nach einem Abschwung

Die Erholung von einem Marktcrash oder Wirtschaftsabschwung erfordert Geduld, Disziplin und einen klaren Plan. Die Schritte, die Sie in der Erholungsphase unternehmen, sind entscheidend für den Wiederaufbau Ihres Vermögens und die Sicherung Ihrer finanziellen Zukunft.

- **Überprüfen und passen Sie Ihren Finanzplan an**

Nach einem Marktcrash ist es wichtig, Ihren Finanzplan zu überprüfen und notwendige Anpassungen vorzunehmen. Dazu kann gehören, dass Sie Ihre Anlagestrategie überdenken, Ihre Risikotoleranz neu bewerten und neue finanzielle Ziele auf der Grundlage des aktuellen wirtschaftlichen Umfelds festlegen.

- **Erhöhen Sie Ersparnisse und Investitionen**

Wenn sich die Wirtschaft erholt, kann eine Erhöhung Ihrer Ersparnisse und Investitionen Ihre finanzielle Erholung beschleunigen. Nutzen Sie die

Erholungsphase, indem Sie mehr auf Ihr Altersvorsorgekonto einzahlen, unterbewertete Vermögenswerte kaufen und Ihr Portfolio weiter diversifizieren.

- **Steuervorteile nutzen**

Marktabschwünge können Möglichkeiten für die Einziehung von Steuerverlusten schaffen, bei denen Sie verlustbringende Anlagen verkaufen, um Gewinne an anderer Stelle in Ihrem Portfolio auszugleichen. Darüber hinaus sollten Sie in Zeiten niedriger Vermögenswerte die Umwandlung traditioneller Altersvorsorgekonten in Roth-IRAs in Betracht ziehen, um in Zukunft vom steuerfreien Wachstum zu profitieren.

- **Bauen Sie Ihren Notfallfonds wieder auf**

Wenn Sie während des Abschwungs auf Ihren Notfallfonds zurückgreifen mussten, legen Sie Wert darauf, ihn so schnell wie möglich wieder aufzubauen. Ein vollständig ausgestatteter Notfallfonds bietet einen finanziellen Puffer für zukünftige Krisen und verringert die Wahrscheinlichkeit, dass Investitionen mit Verlust verkauft werden müssen.

- **Bewerten Sie Karriere- und Einkommensströme**

Konjunkturelle Abschwünge bringen oft Veränderungen auf dem Arbeitsmarkt mit sich, weshalb es wichtig ist, Ihre Karriere und Einkommensströme zu bewerten. Erwägen Sie den Erwerb neuer Fähigkeiten, die Suche nach zusätzlichen Einkommensquellen oder sogar die Erschließung neuer Branchen, die weniger anfällig für Konjunkturzyklen sind.

- **Konzentrieren Sie sich auf langfristige Ziele**

Es ist leicht, von den kurzfristigen Auswirkungen eines Marktcrashs erfasst zu werden, aber es ist wichtig, die langfristigen Ziele im Auge zu behalten. Ganz gleich, ob Sie für den Ruhestand sparen, ein Haus kaufen oder die Ausbildung Ihrer

Kinder finanzieren möchten: Die Konzentration auf Ihre langfristigen Ziele kann Motivation und Orientierung beim Wiederaufbau Ihrer Finanzen bieten.

Aus vergangenen Krisen lernen

Die Untersuchung, wie Einzelpersonen und Unternehmen auf vergangene Marktabstürze reagiert haben, kann wertvolle Erkenntnisse für die Bewältigung künftiger Abschwünge liefern.

Die Weltwirtschaftskrise

Du kannst lProfitieren Sie von der Widerstandsfähigkeit derer, die den schwersten wirtschaftlichen Abschwung der modernen Geschichte überstanden haben. Zu den wichtigsten Erkenntnissen zählen die Bedeutung von Diversifizierung, Selbstversorgung und der Wert der

Unterstützung der Gemeinschaft in schwierigen Zeiten.

Die Finanzkrise 2008

Sie können auch zEntdecken Sie die Strategien von Anlegern, die gestärkt aus der globalen Finanzkrise hervorgegangen sind, wie z. B. die Ausnutzung notleidender Vermögenswerte, die Aufrechterhaltung einer langfristigen Perspektive und die Rolle staatlicher Interventionen bei der Stabilisierung der Wirtschaft.

Covid-19 Pandemie

Der pandemiebedingte Marktcrash im Jahr 2020 stellte die Bereitschaft und Anpassungsfähigkeit von Einzelpersonen und Unternehmen gleichermaßen auf die Probe. Zu den Lehren, die Sie aus dieser Krise ziehen können, gehören die Bedeutung eines Notfallfonds, die Vorteile flexibler

Das Finanzhandbuch des Preppers

Arbeitsregelungen und die schnelle Einführung von Technologie im Finanzdienstleistungsbereich.

Das Finanzhandbuch des Preppers

Kapitel 12

Hyperinflation und wirtschaftlicher Zusammenbruch

Hyperinflation und wirtschaftlicher Zusammenbruch gehören zu den schwerwiegendsten Finanzkrisen, denen Einzelpersonen und Gesellschaften ausgesetzt sein können. Diese Szenarien führen häufig zu einer raschen Abwertung der Währung, explodierenden Preisen, weit verbreiteter Arbeitslosigkeit und einem Zusammenbruch der normalen Wirtschaftsfunktionen. Um sich auf solche Ereignisse vorzubereiten und sie zu überleben, ist ein tiefes Verständnis der zugrunde liegenden Ursachen sowie die Umsetzung spezifischer Strategien zum Schutz und Erhalt Ihres Vermögens und Ihres Wohlbefindens erforderlich.

Hyperinflation und wirtschaftlichen Zusammenbruch verstehen

Von einer Hyperinflation spricht man, wenn die Preise für Waren und Dienstleistungen extrem schnell steigen, was zu einem erheblichen Kaufkraftverlust der Währung führt. Unter einem wirtschaftlichen Zusammenbruch versteht man einen völligen Zusammenbruch der Wirtschaft eines Landes, bei dem normale wirtschaftliche Aktivitäten zum Erliegen kommen und die Währung praktisch wertlos werden kann.

Erkenntnisse aus vergangenen Fällen von Hyperinflation und wirtschaftlichem Zusammenbruch können entscheidende Einblicke in die Ursachen und Folgen dieser Krisen liefern. Bemerkenswerte Beispiele sind die Hyperinflation in der Weimarer Republik in den 1920er Jahren, in Simbabwe in den frühen 2000er Jahren und in Venezuela in den letzten Jahren. Jeder Fall bietet

Lehren zu den Auslösern der Hyperinflation, den sozialen und wirtschaftlichen Auswirkungen und den Strategien, die Einzelpersonen und Unternehmen zum Überleben verholfen haben.

Hyperinflation wird häufig durch eine Kombination mehrerer Faktoren verursacht, darunter übermäßiges Gelddrucken durch die Regierung, Vertrauensverlust in die Währung und erhebliche wirtschaftliche Störungen wie Krieg, politische Instabilität oder ein Zusammenbruch der Produktions- und Lieferketten. Das Verständnis dieser Ursachen ist entscheidend für die Antizipation und Vorbereitung potenzieller Hyperinflationsszenarien.

Einem wirtschaftlichen Zusammenbruch können eine Reihe von Indikatoren vorausgehen, darunter ein starker Anstieg der Staatsverschuldung, ein Zusammenbruch des Bankensystems, ein erheblicher Rückgang der Industrieproduktion, weit verbreitete Arbeitslosigkeit und ein

Vertrauensverlust in die Fähigkeit der Regierung, die Wirtschaft zu steuern. Indem Sie diese Anzeichen frühzeitig erkennen, können Sie Maßnahmen ergreifen, um Ihr Vermögen zu schützen und Ihre Anfälligkeit für die Folgen zu verringern.

Vorbereitung auf die Hyperinflation

Zur Vorbereitung auf eine Hyperinflation gehören sowohl finanzielle als auch praktische Strategien, die darauf abzielen, die Kaufkraft zu erhalten, lebenswichtige Güter zu sichern und angesichts schnell steigender Preise einen stabilen Lebensstandard aufrechtzuerhalten.

- **In Sachanlagen investieren**

Eine der effektivsten Möglichkeiten, Ihr Vermögen während einer Hyperinflation zu schützen, besteht darin, in Sachwerte zu investieren, die ihren Wert behalten. Dazu gehören Edelmetalle wie Gold und Silber, Immobilien und andere physische

Vermögenswerte wie Kunst oder Sammlerstücke. Diese Vermögenswerte behalten tendenziell ihren Wert, selbst wenn die Währung ihre Kaufkraft verliert.

- **Diversifizierung der Währungsbestände**

Die Diversifizierung Ihrer Bestände in stabilere Fremdwährungen oder Kryptowährungen kann eine Absicherung gegen die Abwertung Ihrer Landeswährung darstellen. Es ist wichtig, Währungen und Vermögenswerte auszuwählen, die voraussichtlich ihren Wert behalten und leicht umgerechnet oder im Handel verwendet werden können.

- **Bevorratung lebenswichtiger Güter**

Während einer Hyperinflation können die Preise für Grundgüter wie Lebensmittel, Treibstoff und Medikamente in die Höhe schnellen. Wenn Sie diese wichtigen Dinge im Voraus einlagern, können Sie die schlimmsten Auswirkungen einer Hyperinflation vermeiden. Konzentrieren Sie sich auf haltbare Artikel, medizinische Versorgung und andere lebenswichtige Güter, die wahrscheinlich knapp oder unerschwinglich werden.

- **Aufbau eines lokalen Netzwerks**

Der Aufbau eines starken lokalen Netzwerks vertrauenswürdiger Personen kann während einer Hyperinflation Unterstützung und Ressourcen bieten. Dieses Netzwerk kann den Tauschhandel, die gemeinsame Nutzung von Ressourcen und die gegenseitige Hilfe in Zeiten der Not erleichtern.

Einen wirtschaftlichen Zusammenbruch überleben

Der wirtschaftliche Zusammenbruch bringt andere Herausforderungen mit sich und erfordert häufig drastischere Maßnahmen, um das Überleben zu sichern. Die Strategien zum Überleben eines solchen Ereignisses konzentrieren sich auf die Sicherung der Grundbedürfnisse, den Schutz von

Vermögenswerten und die Aufrechterhaltung eines nachhaltigen Lebensstils.

- **Selbstständigkeit entwickeln**

Im Falle eines wirtschaftlichen Zusammenbruchs kann der Zugang zu Gütern und Dienstleistungen stark eingeschränkt werden. Die Entwicklung der Selbstständigkeit durch Fähigkeiten wie Gartenarbeit, einfache Reparaturen und Lebensmittelkonservierung kann Ihre Abhängigkeit von der formellen Wirtschaft verringern und Ihnen helfen, sich und Ihre Familie zu ernähren.

- **Einen sicheren Hafen sichern**

Während eines wirtschaftlichen Zusammenbruchs können Städte und dicht besiedelte Gebiete aufgrund von Kriminalität, Unruhen und Ressourcenknappheit unsicher werden. Ein sicherer Hafen – sei es ein ländliches Anwesen, ein gut ausgestattetes Haus oder eine sichere Gemeinschaft – kann Ihnen einen Zufluchtsort bieten, an dem Sie die Krise überstehen können.

- **Tauschhandel und alternative Ökonomien**

Da traditionelle Währungen an Wert verlieren, erweisen sich Tauschhandel und alternative Ökonomien oft als primäre Tauschmittel. Wenn Sie verstehen, wie man effektiv tauscht, und den Wert der Waren und Dienstleistungen erkennen, mit denen gehandelt werden kann, können Sie sich in einer zusammenbrechenden Wirtschaft zurechtfinden.

- **Schutz physischer und digitaler Vermögenswerte**

Bei einem wirtschaftlichen Zusammenbruch können sowohl physische als auch digitale Vermögenswerte durch Diebstahl, Abwertung oder staatliche Beschlagnahmung gefährdet sein. Der Schutz Ihrer physischen Vermögenswerte durch sichere Speicherung und die Aufrechterhaltung der Sicherheit Ihrer digitalen Vermögenswerte durch Verschlüsselung und sichere Backups sind wichtige Schritte.

- **Bleiben Sie informiert und anpassungsfähig**

Der wirtschaftliche Zusammenbruch geht oft mit raschen Veränderungen im sozialen und politischen Umfeld einher. Bleiben Sie über die Situation informiert, passen Sie Ihre Strategien an und sind Sie bereit, Pläne zu ändern, wenn sich die Umstände ändern. Dies kann Ihre Überlebenschancen erhöhen.

Wiederaufbau nach einem wirtschaftlichen Zusammenbruch

Der Wiederaufbau nach einem wirtschaftlichen Zusammenbruch erfordert eine langfristige Perspektive und einen Fokus auf die Wiederherstellung der Stabilität, sowohl finanziell als auch persönlich. In dieser Phase müssen Sie erneut in Ihre Zukunft investieren und neue Chancen nutzen, die sich mit der beginnenden Wirtschaftserholung ergeben.

- **Bewertung der neuen Wirtschaftslandschaft**

Nach einem wirtschaftlichen Zusammenbruch wird sich die Landschaft grundlegend verändert haben. Die Beurteilung der neuen Realitäten – wie Machtverschiebungen, Änderungen der Währungswerte und aufstrebende Industrien – kann Ihnen dabei helfen, Möglichkeiten für den Wiederaufbau Ihres Vermögens und die Sicherung Ihrer Zukunft zu erkennen.

- **In Erholung investieren**

Sobald sich die Wirtschaft zu stabilisieren beginnt, können Investitionen in Bereichen, die während der Erholung voraussichtlich ein Wachstum verzeichnen, Ihnen dabei helfen, Ihre finanzielle Situation wieder aufzubauen. Dazu kann die Investition in unterbewertete Vermögenswerte, neue Unternehmen oder Sektoren gehören, die vor einer Erholung stehen.

- **Wiederaufbau von Gemeinschaftsbindungen**

Nach einem wirtschaftlichen Zusammenbruch sind starke Gemeinschaften oft von entscheidender Bedeutung. Der Wiederaufbau gemeinschaftlicher Bindungen, die Teilnahme an lokalen Wirtschaftsaktivitäten und die Mitwirkung an gegenseitigen Hilfsbemühungen können ein unterstützendes Umfeld für eine langfristige Erholung schaffen.

- **Vorbereitung auf die nächste Krise**

Nachdem man einen wirtschaftlichen Zusammenbruch überstanden hat, ist es wichtig, sich weiterhin auf zukünftige Krisen vorzubereiten. Dazu gehört es, die Fähigkeiten, Ressourcen und Netzwerke, die Sie aufgebaut haben, beizubehalten und gleichzeitig aus Fehlern oder Versäumnissen während des vorherigen Zusammenbruchs zu lernen.

- **Fokussierung auf langfristige Resilienz**

Die Erfahrung eines wirtschaftlichen Zusammenbruchs kann Ihre Einstellung zu Finanzen und Leben grundlegend verändern. Wenn Sie sich auf langfristige Widerstandsfähigkeit konzentrieren – durch diversifizierte Investitionen, Autarkie und anpassungsfähige Strategien – können Sie sicherstellen, dass Sie besser auf alle Herausforderungen der Zukunft vorbereitet sind.

Abschluss

Zusammenfassung der wichtigsten Punkte

In diesem Buch haben wir uns durch die komplizierte Landschaft der finanziellen Vorbereitung bewegt und einen umfassenden Ansatz zum Schutz Ihres Vermögens, zur Bewältigung wirtschaftlicher Stürme und zur Sicherung einer erfolgreichen Zukunft angeboten. Wir haben die Grundprinzipien der Finanzvorbereitung untersucht, vom Verständnis der Risiken, die durch Inflation, Marktvolatilität und Arbeitslosigkeit entstehen, bis hin zum Aufbau finanzieller Sicherheitsnetze und der Diversifizierung von Investitionen. Ob durch strategische Aktien- und Anleiheninvestitionen, Sachwerte wie Gold oder die Erkundung alternativer Währungen wie Kryptowährungen – wir haben uns mit den Werkzeugen befasst, die zum

Aufbau eines widerstandsfähigen und robusten Finanzportfolios erforderlich sind.

Wir haben darüber gesprochen, wie man unter seinen Verhältnissen lebt, mit Schulden umgeht und wie wichtig Genügsamkeit für die Aufrechterhaltung langfristiger Stabilität ist. Darüber hinaus haben wir untersucht, wie wichtig es ist, für die Zukunft zu planen, von der Absicherung Ihres Ruhestands bis hin zum Schutz Ihres Erbes. Schließlich haben wir angesichts von Marktcrashs, Hyperinflation und wirtschaftlichem Zusammenbruch umsetzbare Schritte bereitgestellt, um in schwierigen Zeiten nicht nur zu überleben, sondern auch erfolgreich zu sein.

Der Fahrplan ist klar: Finanzieller Erfolg im Angesicht von Widrigkeiten erfordert Wissen, Disziplin und Strategie. Mit der richtigen Einstellung sind diese Konzepte nicht nur theoretisch – sie sind praktische, umsetzbare

Schritte, die Sie unternehmen können, um Ihr finanzielles Wohlergehen zu sichern.

Engagement für den Prozess

Der Weg zur finanziellen Sicherheit ist kein Sprint, sondern ein Marathon. Die Vorbereitung Ihrer Finanzen erfordert Konsequenz, Geduld und Ausdauer. Es wird Momente geben, in denen sich die hier beschriebenen Strategien mühsam und vielleicht sogar überwältigend anfühlen, insbesondere wenn keine unmittelbaren Ergebnisse erkennbar sind. Es ist jedoch wichtig, sich daran zu erinnern, dass der Aufbau und Schutz von Vermögen ein langfristiges Unterfangen ist.

Bleiben Sie engagiert. Ob es um die Verwaltung Ihres Budgets, die konsequente Investition in Ihr Portfolio oder die sorgfältige Planung zukünftiger Ungewissheiten geht, jeder kleine Schritt führt zu einem bedeutenden Fortschritt. Gerade in

Momenten des Zweifels müssen Sie sich daran erinnern, dass finanzielle Widerstandsfähigkeit nicht über Nacht aufgebaut wird, sondern durch Hingabe und Disziplin im Laufe der Zeit. Vertrauen Sie auf den Prozess und die Ergebnisse werden mit der Zeit für sich sprechen. Durch die Übernahme der in diesem Buch dargelegten Grundsätze legen Sie eine solide Grundlage, um finanzielle Abschwünge nicht nur zu überstehen, sondern auch danach erfolgreich zu sein.

Letzte Gedanken

Wenn wir die Seiten dieses Leitfadens abschließen, ist es wichtig zu erkennen, dass es bei der finanziellen Vorbereitung nicht nur ums Überleben geht, sondern auch um Selbstbestimmung. Es geht darum, sich unabhängig vom Wirtschaftsklima so zu positionieren, dass man erfolgreich sein kann. Das Wissen, das Sie hier gewonnen haben, ist nicht statisch; Es ist eine lebendige Strategie, die sich weiterentwickeln muss, wenn sich die Welt um Sie herum verändert. Bleiben Sie informiert, bleiben Sie agil und hören Sie nie auf zu lernen.

In der unvorhersehbaren Wirtschaftslandschaft, die vor uns liegt, werden diejenigen, die vorbereitet sind, nicht nur bestehen, sondern sich den Herausforderungen stellen. Sie haben den ersten Schritt getan, indem Sie sich weitergebildet haben, und das ist bereits ein Sieg. Aber die Reise endet hier nicht – sie beginnt. Lassen Sie dieses Buch eine ständige Erinnerung daran sein, dass Sie mit der richtigen Vorbereitung die Kontrolle über Ihre finanzielle Zukunft haben.

Du bist fähig. Sie sind vorbereitet. Und jetzt sind Sie in der Lage, sich allem zu stellen, was als nächstes kommt.

Die Zukunft ist ungewiss, aber Ihre finanzielle Sicherheit muss es nicht sein.

www.ingramcontent.com/pod-product-compliance
Lightning Source LLC
Chambersburg PA
CBHW052151220526
45471CB00004B/1631